僕たちの広告時代

間宮武美

はじめに

私は小さい頃、父親から〝べらたけ〟と言われていた。べらべらしゃべるおしゃべりな武美だから〝べらたけ〟なのだ。いまだにその習性は、少しも変わらないらしい。仲間たちからも話が長すぎると、よく言われる。

最近、パソコンを小型の持ち運び自由なものに変えた。家の近くのファミリーレストランの片隅で、お客の少ない時間帯にコーヒーをお代わりしながら、黙々と本書の原稿の推敲を重ねている。書斎の作業よりも、なぜか集中できるからだ。調べたいことがあるとパソコンやスマホですぐに確認ができる。ものすごい便利な時代になったものだ。

平成から令和という時代に移り、広告業界はデジタル化社会の台頭で、ますます大きな変化の時代を迎えている。特に広告を囲むメディア環境が大きく変化してきた。メディアがチャネル（多数の情報経路）に拡大し、広告はエンゲージメント（生活者と親密な連携）へと役割が加速的に変化してきた。

従来のメディアであるテレビや新聞からの情報収集が、パソコンからの情報収集に変わり、さらにスマホからの情報収集へと、コミュニケーション行動が多様化してきた。チャネルが変われば広告の目的も変わり、企画や表現も変わってくる。同時に日常生活も面と向かった会話から、メール中心のコミュニケーションに移行している。

その大きな時代の空気の中で、忘れてはいけない大事なことを考えながら、本書では著名人、先輩、仕事仲間との間で交わした会話で繰り広げられた数々の出来事を書き下ろした。


一九七四年（昭和四九年）、戦後初めて経済成長がマイナスになった。オイルショックで民放各社が深夜放送を自粛した頃のことだ。

このオイルショックを機に高度成長期は幕を閉じた。その後いわゆる安定成長期に入り一九七〇年代後半から大きく時代の変化が起こり、バブル崩壊の一九九一年（平成三年）頃まで国民総生産は徐々に伸びていった。


町にはセブンイレブンの一号店が開店し、新幹線が東京から博多までつながり、クロネコヤマトの宅急便がスタートした。その後、成田（新東京）国際空港が開港し、ウォークマンが誕生し、そして東京ディズニーランドが開園した。こうした時代背景をバックにライフスタイルや生活意識が多様化し、日常生活に大きな変化をもたらした。広告自体が生活の価値観や生活の欲求に応じて、心の満足を求めるという点で、広告のもつ役割も大きく変化してきた。〝良い、悪い〟から〝好き、嫌い〟という価値観の基準も容認される時代になったと言える。

この安定成長期のど真ん中、八〇年代（昭和の後半から平成に続く頃）の広告業界は元気で勢いがあった。

そんな中、私は広告会社の社員としてたくさんの素晴らしい仲間と出会った。そしてたくさんの会話を交わした。一つひとつの言葉に向きあうたびに、業界の素晴らしい仲間から仕事の取り組み方や展開の方法を学び、時には人生そのものを学び、その積み重ねが次第に広告人としての自らの生き方に繋がった。

本書の内容は、すべて伝聞ではなく、私が実際に現場で見たこと、聞いたこと、経験したこと、感じたこと、つまり自身が行動し、そして毎日交わした会話を通じて考えたことをドキュメンタリーとして書き下ろしている。

しかし、私のディレクションのもとに後輩たちが実践してくれた仕事は、あえて本書には具体的なケースとしては触れてはいない。ベースになるのは、自分がフェイス・トゥ・フェイスで交わした会話に継ぐ会話が中心になっている。

『僕たちの広告時代』の舞台は、安定成長期の中で〝今日より明日〟〝明日より明後日〟と確実に右肩上がりに駆け上がる時代から始まった。つまり広告業界全体、社会全体が上りのエスカレーターに安心して乗っていたような時代であった。そんな中、とにかく仕事仲間みんなが、テッペンを目指して同じ坂道をそれぞれが懸命に駆け上がっていた時代だった。

「あの時代は良かったね。もうあんな時代は二度と来ないよね」で終わらせることなく、時代とともに変わるもの、そして変わらないものがあるはずだ。明日につなげなければならない、変わってはいけないものが必ずあるのだと思う。

第一章、第二章では「宣伝会議」の「広告営業職養成講座（現・提案営業力養成講座）」の講義で、ほとんど話してこなかった著名人との仕事の舞台裏を中心に、記憶と記録をフル回転させて書き下ろした。

第三章、第四章では広告業界で影響を与えてくれた敬愛する先輩方や仕事仲間との日常的なドキュメンタリーになっている。

本文すべては61のセリフを見出しにまとめてある。

つまり一行のセリフの背景に、その項で伝えたいビジネスのヒントが潜んでいるといえる。一般的なビジネスの交渉の発想などにもヒントになるように心がけている。

本書は、いわゆる広告のスキルアップを目的にするような教科書ではない。

また、広告のハウツーやテクニックを伝えるものでもない。

デジタル化社会の影響で広告業界が大きく変化し、従来の方法論からの脱皮を模索している後輩の方々や、これから広告業界を目指している方々、加えて他業種で活躍している方々にも、日常の活動に何らかの刺激になれば、大変うれしい。

もくじ

第一章　ペンギンのキャラクターがビール広告を変えた。

「瓶」から「カン」。この言葉がチームを一つにした。

「サントリービールは最下位です」

　私が博報堂に中途入社して約六年経った頃、サントリーという洋酒メーカーの担当チームで経験した貴重な体験から話を始めたい。一九八〇年前後の第一次ビール戦争と言われていた頃だ。当時のキリンビールは全国で五十％をはるかに超えたマーケットシェア（市場占拠率）を持っていた。得意先のサントリービールは五．四％で、マーケットシェアは一位と四位と大変な差だった。

　具体的なエピソードとして、私が仕事に立ち向かっていた日常業務を、ドキュメンタリーとして紹介してみよう。三十代半ばから四十代はじめに連日連夜、夜中まで仕事を続けて家に帰ることも忘れ、仕事のＯＮとＯＦＦの間を行き来していた。携帯電話もなく、メールもない中で、汗水たらして行動した経験が、「僕たちの広告時代」のビール広告の現場を動かしたのだ。キーワードは「よく会った、よく喋った。また、会った。そして、またよく喋った」の繰り返しだった。

　これから始まるカンビール広告との出会いは、結果的に私の広告人としての生涯で一番鮮烈な思い出に残る仕事になった。

得意先のビール広告のケースは第二章以降で説明するが、加山雄三、麒麟児、旭国の出演による「あんたが主役」のCM展開以降、「僕たちのビールは、これだ。」（西村佳也さんのコピー）という思い切ったスローガンのもとで、それまでの瓶ビール市場で戦う方法を変えて、都会派の若者たちにターゲットを絞り、得意先のビール戦略は大きな転換を迎えた。

この戦略コピーの次なる展開の継続も大変な苦労を経験した。いろいろな事情が重なり、得意先の決断で一九八〇年（昭和五五年）のビール広告は「瓶ビール」と「カンビール」の二本立てで行くことになった。瓶ビールのCD（クリエーティブディレクター）とコピーライターは長沢岳夫さん。瓶とカンの両方のコピーを書くのは、いろいろと難しいので、長沢さんから、カンビールのコピーライターは博報堂の眞木準さんとの指名があった。

ダジャレコピーライターと称されていた眞木準さんは、ダジャレとは言わずに自らオシャレコピーと言っていた。既に「十歳にして愛を知った。」（ライオンファイル）をはじめ、「でっかいどお。北海道」「おぉ きぃ なぁ ワッ」「トースト娘ができあがる。」「裸一貫、マックロネシア人。」（すべて全日空）など、有名なキャッチフレーズで世の中を沸かせていた。それで、長沢さんは直接コピーを書かないCDとしてカンビールの仕事に関わることになったのだ。

「広告界でも、たぶん初めてのケースだったかもしれない」

と長沢さんは、最近お会いした時に私に語った。

ここからは瓶ビールの制作進行は主に羽場祥修《はばよしのぶ》先輩、カンビールの制作進行は主に私が担当することになった。

コピーライターの眞木準さんの著書『一語一絵』（宣伝会議・刊）によると以下のように書かれている。

仕事の仕という字は、人にサムライと書く。良い広告を打つ企業には、必ずと言っていいほどサムライがいる。上司の顔色をみない。信念をつらぬく。床波範人さんは、サントリーのサムライであった。博報堂の営業部長だった羽場祥修さんが間宮武美さんと現れ、競合のキリンを担当する本部にいた僕を、一本釣りで引きぬいて床波さんにひきあわせた。床波さんの話は、それまでに経験したことのない衝撃的なマーケティングであった。「サントリービールは最下位です。でも缶ビールだけをとれば、ブービーです。おまけに都市部では2位で、頑張れば1位になれる。ビールのメインユーザーの男性をすて、女性だけを相手にしたキャンペーンをやりたい」（中略）

ふと気づくと会社にはほとんど出社せず、まわりはフリーランスばかり。何だ、ひとりでできるんだ、という組織ドロップ・アウトの直接の悟りにこの仕事がなった。

床波さんの言葉は私も同席して聞いていた。なので、結果的にこの項の見出しになった。

その日から眞木さんは、後に大火災で取り壊された赤坂のホテルニュージャパンに〝カンヅメ〟となった。パートナーは、アートディレクターの戸田正寿さん、CMは木村俊士さん、CDは長沢岳夫さんだった。

カンビールの空カンと破れた恋は、お近くの屑かごへ。
私の主食は、レタスと恋とカンビールね。
カンビールを飲むと、いつも二十歳の夏を思いだす。
カンビールと恋人は、きらしたことがない。
カンビールは別れた彼と同じくらい好きです。
毎日3キロ走りだしたら、カンビールが好きになった。
カンビールを飲むために、キッチンにステレオを置いた。
2度目の独身生活で、カンビール党になりました。

とにかくカンビールを飲もうという世の中に対してのアジテーションのために、眞木さんは三年の間、三百本近いカンビールという言葉の入ったコピーを書いた。つまり瓶からカンの時代をアジテーションするコピーを書き続けたのだった。

戸田正寿さんのグラフィック表現が先行した。カラフルな冷蔵庫が必ず画面の中心にある。冷蔵庫の上にはロング缶、普通缶、ミニ缶が並んで載っている。そして缶から直接飲むのではなく、瓶と同様に缶からグラスにビールを注いで若い男女が飲んでいるのだ。

ＣＭもまったく同じ表現でスタートした。映像の世界は戸田さんが描いたカラフルな冷蔵庫が画面の中心で、無名のモデルを当時の若者を代表した形で何人もオーディションで選んだ。その若者の数だけＣＭも制作された。映像の世界も重要だったが、その頃の音楽で一番尖っていた米国のロックバンド、マッチボックス・トゥエンティーをＣＭ音楽に起用した。つまり、海外の新人ミュージシャンの紹介プロモーションとＣＭが合体したのだった。グラフィックとＣＭの力で世の中へのアジテーション効果も、徐々に増幅されてきた。

かつてウイスキーのオールドを寿司屋のカウンターで飲むという広告があった。それは、〝寿司屋では日本酒〟という常識を、ウイスキーの水割りに変える提案だった。同じように屋外で飲むのが常識と思われていたカンビールだったが、そのカンビールを瓶ビールの代わりに室内で飲むことを訴えたのだ。つまり、瓶ビールでなくカンビールからグラスについで飲む。そのことでビールを飲むオケージョン（飲用場面）の意識革命を起こしたのだった。

最初の広告コンセプトは、カンビールを飲むならどの銘柄のカンビールでも良いという立場をとったのだ。どのカンビールでも良いから、

「瓶ビールではなくてカンビールで飲もう」が合言葉だった。

眞木準さんはカンビール需要推進協会のような気持ちでコピーを書き続けた。

この一年の間、カンビール広告は我々の得意先だけだったが、いつの間にか翌年からはビール四社すべてがカンビールの広告もするようになった。時代の空気を無視できない状況になってきた。

「コピーがあたらしい生活感覚で若者の気分を代表している。とにかく瓶からカンへ、企業としての戦略を旗幟鮮明にしたことが一番だった」

ビール本部長から褒められたと床波さんから伝えられた。つまりビールの飲み方が瓶からカンへ変わる時代の境目だったのだ。とにかく最初はシェアがナンバーワンのキリンビールには、戦略的に採用しにくい表現世界で押し切ろうとした一年だった。

「サントリービールは最下位です。でも缶ビールだけをとれば、ブービーです。おまけに都市部では2位で、頑張れば1位になれる」

床波さんのオリエンテーションの言葉は、我々スタッフの目標を一つにする見事なセリフだった。

「瓶」から「カン」へ。明快な合言葉がその後の仲間の行動意識を一つにしたのは間違いなかった。

ペンギンキャラクターの誕生。

「笑わないで聞いてください。まず、このスケッチを見てください」

「瓶」から「カン」へ。ビールの市場が大きく変わり始めていた。眞木準さんの「カンビールの空カンと破れた恋は、お近くの屑かごへ。」のコピーで始まったカンビールキャンペーンは、カリフォルニアのロフトで大きなカラフルな冷蔵庫を前に、カンビールを飲む雑誌広告や新聞広告、ポスターと同じ表現スタイルでテレビCMを作り続けた。その結果、じりじりと効果が出はじめて、三年の間に都会の若い人を中心に次第にカンビールの人気が浸透してきた。新しい生活感覚の中でカンビールを飲む〝さりげない日常感〟が受けて、売り上げが上昇していったのだ。

その三年間の実績をもとにして、新しいカンビールの広告を考えようとしていた。ちょうど映画『E・T』が爆発的にヒットしていた頃だ。

一九八二年(昭和五七年)十二月のことだった。サントリーの床波範人さんや、クリエーティブディレクターの長沢岳夫さん、アートディレクターの戸田正寿さんなどのスタッフが、メルヘンチックなキャラクターを起用すれば、都会派の若者だけではなく、多くのファミリー層まで需要が広がると確信し、キャラクター路線に切り替えようと考えはじめていた。

早速キャラクター探しが始まった。いろいろなキャラクターを検討していたが、戸田さんのアイデアを中心に何十ものイラスト案がまとまって、最終的にプレゼン用に綺麗なスケッチボードにまとめられた。

ところが戸田さんは、もうひと頑張りした。彼の寝室に飾ってあったアニメーターでイラストレーター、ひこねのりおさんのシンプルなカエルのキャラクターのカレンダー。戸田さんは前からなぜか、ひこねさんが描くこのキャラクターが気になっていた。

プレゼンの日の朝、そのカエルキャラクターが缶ビールを抱えている自筆のスケッチを折りたたんでポケットに忍ばせていた。

プレゼンでキャラクターの検討会が始まり、議論百出した後で方向性を決めかねていた。しばらくして、長い沈黙が続いたあとに、

「笑わないで聞いてください。まず、このスケッチを見てください」

戸田さんがそのスケッチをポケットから出し、

「ひこねさんのシンプルなキャラクターでペンギンを描いたら強い訴求力を持つと思う」

ひこねさんは、既に〝カールおじさん〟など独特のキャラクター作りで高い人気を得ていたからだ。

「そのアイデアがいいな」

缶ビール担当者の床波さんが反応した。

その前提になったのは、前年に海辺で五匹のペンギンがダンスをしている生ビールの広告が、そのペンギンが本物のペンギンか、ぬいぐるみのペンギンかで話題になって、サントリー宣伝部に問い合わせが殺到していたことがあった。そんな理由もあり、キャラクターはカエルではなくてペンギンで行こうということになった。あれこれあって最終的に、ひこねのりおさんのオリジナルのペンギンキャラクターが誕生したのだ。

最後は床波さんの社内調整力で、ペンギンキャラクターで新しいカンビールキャンペーンがスタートする方針が宣伝部内でまとまった。

まずは新聞全十五段（新聞一ページ）で、カンビールを抱えたペンギンの広告からスタートした。掲載は都会派読者の多い朝日新聞一紙だけで、世の中の反応を確かめる意味でもあったのだ。

キャッチフレーズは「見たか、飲んだか、サントリーの新カンビール。」

白バックの中央に、ひこねさんのペンギンが大きな缶ビールを抱えていた。新聞広告にしては、ボディーコピーもない思い切ったシンプルなデザインが印象的だった。

その後、新聞広告や雑誌広告での読者の好意的な反応を受けて、ワンテンポ遅れてテレビCMもオンエアの運びになった。

サントリーのCMのエンターテインメント性とは、「明るさ」「楽しさ」「音楽性」が前提にあることが必要だった。お茶の間で見られるCMは、ペンギンというキャラクターを子供向けのアニメーション漫画にならないように気をつけた。ビールを飲む大人同士のコミュニケーションを成立させるためには、大人の鑑賞に十分に耐えるストーリーと画像作りにしなくてはならない。CDは引き続き長沢岳夫さんと、CMの演出はCMランドの木村俊士さんになった。

木村さんは床波さんとの最初の打ち合わせで、

「あのペンギンでどうですか」と聞かれて、

「面白いですね。映画みたいな世界で、例えば映画の『カサブランカ』みたいな雰囲気で、最後にペンギンがポロッと泣いたりする、そんな世界をやってみたいな」

木村さんがその場で簡単にラフなミニコンテを描いてみた。そのコンテを見て、床波さんの基本的な了解が出たのだ。実にシンプルに最短距離で仕事が始まった。

「すごく忙しかったし、厳しかったけれど時間をかけて企業や商品のイメージを構築できる、ほんとうに刺激的で面白い時代でしたね」

と、木村さんは最近、私に語った。八〇年代の象徴的な広告作りの一場面だったのかもしれない。

木村さんの絵づくりの基本的な方針は、大人の感性に寄り添った喜怒哀楽に満ちた展開が必要になるはずだと考えた。そこでジャズピアノを弾く人間の動きを実写フィルムで撮影し、手の動き、体の動き、顔の表情を詳しく研究したのだ。そのライブアクションを一つひとつ、ペンギンのアニメーションの動きに置き換えてみた。木村俊士さんは、こうした表面には表れない良質な映像作りの結果を生み出したのだ。ペンギンの一つひとつのリアルな動きが、世の中の共感を得るはずだと考え抜いたからだ。そして「カサブランカ編」「ロッキー編」「ビッグ・ウェンズデー編」「哀愁編」を主なシリーズとして三年の間で展開したのである。所ジョージさんが独特の調子で、

「私はカンビールになりた〜い」など大きな声で、叫んでいた。

「笑わないで聞いてください。まず、このスケッチを見てください」で始まった戸田さんの唸るようなひとこと。ペンギンキャラクターは戸田さんのアートの美意識からは真反対の世界から始まったのだった。これが逆にバネになって大きなキャンペーンに展開されていったのだ。

「聖子さんの『スウィートメモリーズ』は大ヒットしたね」

ペンギンのカンビールのCMソングは「ドント キスミー ベービー ウィーキャン ネバービー ソードントト……」で始まる『スウィートメモリーズ』(作詞・松本隆、作曲・大村雅朗)

というシングル盤で『ガラスの林檎』と両A面扱いで発売された。このCMソングは当時話題に満ちた人気の高い松田聖子さんにお願いして、英語の歌詞によるCMソングが大ヒットした。インパクトのある英語のサビが実現した秘話は、ここでは省くが見事な楽曲になったのだ。

第一弾のペンギンCMのオンエア時点では、〝歌・松田聖子〟という歌手の名前を画面下のスーパーで紹介しなかった。そのために、この英語のうまい女性歌手は誰だろうと大きな話題になった。

毎日、得意先にたくさんの問い合わせがあり、宣伝部との作戦として、

「詳細は広告代理店に聞いてください」

と答え、我々営業部の電話番号を伝えたのだ。問い合わせの連絡を受けた我々営業チームは、担当者の私が在席していても、いなくても、

「担当者がいないので詳しいことは分からない。すみません」

と即答を避けるようにしていた。しばらくの間はCMファンに対しても、世の中に対しても、結果的に申し訳なかったが、じらし戦術が続いたのだ。こういう状況がしばらく続いて三週間ほどして歌・松田聖子とスーパーを挿入して、より大きな反響を呼んだのだった。この一件はスポーツ紙の芸能面でも大きな話題になった。

この勢いに乗じて制作スタッフは、次の歌手の候補に数ある男性歌手の中から『矢切の渡し』で、レコード大賞を受賞したばかりの細川たかしさんを選んだ。所属事務所は赤坂にある芸能プロダクション（当時）。スター歌手を抱える手ごわい相手と、おそるおそる出演交渉に伺った。

「じつは、カンビールのCMで……」と言い始めたとたん、

「聖子の後でしょ」といい、お願いの内容を予測していたかのように、一瞬の間をおいて、

「いいよ。細川でやりますよ」という返事をいただいた。

事前の事務所へのアポイントの理由に、カンビールのCMのことでご相談があると電話で伝えておいたこともあるが、瞬く間に次の歌手が決まった。それだけ最初の『スウィートメモリーズ』の企画にインパクトがあったのだと改めてスタッフ全員が認識したのだ。

細川さんの楽曲は『星屑の街（Stardust In Your Eyes）』（作詞・売野雅勇、英詩・ジャネット辻野、作曲・鈴木慶一）だ。細川さんの聞きなれない英語の歌詞のCMソングで始まった。歌・細川たかしのスーパーも前回同様、当初は画面に挿入されなかった。

次は女優さんで歌の上手い方という企画で、吉永小百合さんが候補にあがった。所属事務所の島田智子さんにお願いにあがった。当然、小百合さんの芸能プログラムにはCMソングはなく、いとも簡単に断られたのだが、

「うちの大竹は歌が上手いのよ」

と救いの手を差し伸べてくれた。大竹しのぶさんのテープを預かりスタッフに持ち帰った。そうして出来上がったのが『I Remember You』（作詞・安井かずみ、作曲・井上大輔）だった。大竹しのぶさんは切ない女性の気持ちをスローバラードで見事に歌いこんでくれた。この頃になると詳しく説明しなくても、あの有名なシリーズなら、参加してもいいという雰囲気がどこかにあったのかもしれない。大竹さんの場合はCMソングだけで、レコードは歌手の石黒ケイさんが吹き込んだりしたのだ。

最後は英語の上手い歌手の中で誰が良いかという議論になった。そこで選ばれたのが英語を母国語とする歌手のアグネス・チャンさんだ。出来上がった楽曲は『愛のハーモニー／スノーフレークス』（作詞・売野雅勇、作曲はスウィートメモリーズの大村雅朗さん）だった。ペンギンのキャラクターを考え出す頃は生みの苦しみもあったが、松田聖子さんの英語のCMソングが大ヒットに繋がり、プレゼン相手は得意先だけではないと言いながら、ペンギンスタッフは半ば楽しみながら英語のCMソングシリーズを考えていたのかもしれない。

ここに、朝日新聞の特集記事のスクラップがある。『ハッピー・ニッポン』（見えない大衆、手探りのCM界）という第一面を飾る大きな記事であった。その記事の最初にペンギンのシリーズがイラストと共に紹介されている。

「ネクラペンギン」が人気者になるなんて、だれも思わなかった。サントリーのテレビ広告、ペンギンアニメーションシリーズで、いつもちょっとだけ顔をのぞかせる、わき役のことだ。

ペンギンばかり登場するこのCMの一作目が、二年ほど前に放映された。酒場で娘が歌っている。客席で若者が耳をかたむけている。ビールをおぼんに載せてかつぎながら、ボーイが一瞬、通りすぎる。歌に感動したらしい若者の目から涙がひとつぶこぼれ落ちる。反響は上々だった。サントリーや広告代理店の博報堂に、「次のCM放映時間を教えて」といった問い合わせが続いた。その中で意外だったのは、「あのボーイに名前はあるのか?」「もっとじっくり見たい」という声が強かったことだ。わき役はほかにも大勢いた。娘の後ろでコーラスを歌っているのや、ピアノ弾きや……。ボーイが画面に出たのは、せいぜい三、四秒。ほかのペンギンと違い、目のまわりまで青一色の地味な姿は、見落とされてもおかしくないはずだった。二枚目の主人公にさえ名前をつけていないCM制作スタッフは、そのボーイ役に「ネクラペンギン」の愛称を与えた。CMの続編では、駅の赤帽役や、掃除係などで必ず登場させることにした。「ネクラ」は主役をさしおいて、ひとりで新聞の全面広告を飾るほどになった。

博報堂の間宮武美さんは「主人公はもちろん、コーラスグループもピアノ弾きも、一応の光は当たっていた。ネクラは黙々と働いているだけ。そのへんに共感があるんでしょうか」と、とりあえずは分析する。

その時の取材は経済部や文化部ではなくて、社会部の記者さんが現れた。前もって連絡を受けていたので、こちらも余計なことは口を滑らさないように、気をつけて取材を受けた。その記者さんは、一時間にわたりペンギンCMのすべての取材を終えて、ペンをケースにしまいながら、

「実はウイスキーの売れ行きが下がってきたのは、いろいろと聞いていますが、間宮さんは、何が原因だと思います」ときた。

社会部の記者さんの本当に聞きたかった取材内容は「これか！」と。そうはさせまいと、こちらもすかさず返す刀で、

「その理由を知っていたら、それでプレゼンしますよ。何か他にわかっていたら、ぜひ教えてください。プレゼンに活かしたいので、ぜひ……」と答えた。

おかげで一時間の取材の結果は、ウイスキーの売上減の話でなく、そのままペンギンのイラスト入りの詳しい記事が朝日新聞の第一面に大きく載ったのだ。

「朝日新聞の第一面は、よっぽど良いことをするか、よっぽど悪いことをしないと、こんな大きな記事にはならない。君は一体、何をやったんだ」と笑いながら、直属の役員から冷やかされた。

ある時、日経新聞の取材で「年齢七掛け論」というテーマでの話になった。

ペンギンCMのコミュニュケーション・ターゲットを考える上で、人生五十年が当時は平均年齢が七十年になってきた（最近のデータでは男性八十一歳、女性八十七歳になったが）。そのために年齢に七掛けをしたくらいの年齢でコミュニケーションするのがちょうど良いと考えた。

「たとえば五十センチのゴムひもを七十センチに延ばしたら、真ん中の二十五のメモリは三十五のメモリの位置になります」

「四十歳は七掛けで二十八歳の感覚年齢に値することになり、五十歳でも三十五歳の感覚年齢に匹敵するということになるのです」

つまり当時の大人は、それまでの年齢の大人よりも若い感覚で行動をし、生活感覚もかなり若いつもりでアプローチしても大丈夫という仮説が成り立った。当時、スニーカー世代とかモラトリアム世代とかがマスコミの話題の中心だった。もっとも我々が一番気を使ったのは、ペンギンキャラクターが大人の感性に耐えるコミュニケーションであることだった。それゆえ、ペンギンのキャラクターが織りなすドラマチックなシーンが、大人の気持ちを企画した通りとらえたに違いない。

「笑わないで聞いてください。まず、このスケッチを見てください」

戸田正寿さんのセリフで始まったペンギンキャンペーンはありがたいことに、『スウィートメモリーズ』に続き、どこまでも話題が広がりカンビールの人気とともに、ビールのシェアがうなぎのぼりに伸びたのだ。三年にわたるペンギンキャラクターの広告シリーズは、その頃の広告賞をたくさんいただき、当時の広告とターゲットの新しいあり方を考えさせる材料にもなったのだ。

十五秒のCMが長編映画になった。

「ペンギンのCMを、もっとじっくりと見たいんです」

人気CMに対して視聴者の方々から得意先宣伝部にたくさんの声が届いた。

「今度は、いつ見られるのですか」

「もっとじっくりと長く見たいんです」

という声に押されて、ペンギンのキャラクターCMが三年間話題を呼んだ結果、瓢箪から駒のようにペンギンCMの劇場用長編映画化が決まった。元となったCMのバージョンは、小さな酒場でペンギンの女性歌手がスローテンポのジャズを歌っている姿を見て、若者のペンギンが感極まって涙を流し、そこに所ジョージさんのナレーションが入るというものだった。街の声として「もっとじっくり見たい」という声が得意先に寄せられていたのだ。

ここまでは前述の朝日新聞の記事の通りである。その声を受けて得意先と我々スタッフは、慎重に議論を重ねた結果、ペンギンだけが出演する長編アニメーション映画に挑戦することを決めたのだ。

もちろん通常のペンギンキャラクターのCM展開は並行して継続していかなければならない。映画制作と広告制作の作業を並行して進行させなければならないことになった。つまりCM制作のメンバーが映画制作の主要メンバーも担当するという、業界でも珍しい取り組みになったのだ。映画界から、

「映画のズブの素人集団に、何ができる！」

と思われるのも悔しい。絶対に失敗するわけにはいかない。そんな思いで全員が立ち向かったのだ。

映画のタイトルは配給会社の宣伝部と協議の上『ペンギンズメモリー・幸福物語《しあわせものがたり》』に決まった。タイトル案については我々も大いに議論に参加したが、最終的に配給会社の宣伝部が大きくタイトル決定に関わったのだ。

制作に至る詳細な説明は省くが、得意先、広告会社、制作プロダクションで制作委員会を設置して、配給会社との折衝メンバーに営業担当の私が任された。事務局として赤坂のマンションの一室を借りて、私は日常の広告業務から外れて、映画の制作委員会の事務局専従メ

ンバーとなった。「どんな仕事でも仕事だ」「広告業界は経験産業」と割り切って、映画制作という初めての経験に前向きに立ち向かうことにした。

CM制作メンバーの、映画制作での役割は次のようになった。原作はクリエーティブディレクターの長沢岳夫さんが担当し、監督は演出の木村俊士さん、オリジナル・キャラクターデザインは、ひこねのりおさん、もちろんプロダクションのCMランド（当時）のCM制作のプロデューサーやアシスタント・プロデューサーは、CMと映画の掛け持ち進行になる。営業担当の私は〝制作コーディネーター〟という役割で、配給会社と制作進行上の条件交渉が中心になってくる。さらに松田聖子さんが所属するプロダクションと聖子さんがらみのすべての調整業務も加わった。映画宣伝の調整業務という役目で、日常の広告業務と似ているようで似ていない、全く異質な仕事に携わることになったのだ。

『ペンギンズメモリー・幸福物語』の原作は、コピーライターの長沢岳夫さんが書いた。長沢さんは、ひと月近くホテルに籠って、映画の原案を書いたのだ。それをシナリオ作家の川崎良さん、河野洋さん、久野麗さんが脚本にまとめ上げた。

『ペンギンズメモリー・幸福物語』のあらすじを紹介してみたい。

デルタ戦争の激戦で友を失い、自らも負傷したマイクは、ただひとり故郷に帰ってきた。故郷の町では誰もがマイクを英雄扱いするが、まるで地獄を見たかのような異常体験をしたマイクの心は、家族の暖い歓待にも癒えることがなかった。

町の歓迎ぶりが心に重いマイクは、ひとりで旅に出る。ヒッチハイクで砂漠や草原を横切り、見知らぬ港町で海をながめ、何をしても心が晴れないさすらいの旅は続く……。

そうして、ふと乗り込んだグレイハウンドのバスが着いたのはレイクシティという、木々の緑も鮮やかな明るい街だった。公園には花が咲き乱れ、美しい娘が子供たちに歌を教えている。その美しい娘の笑顔と楽しげな光景は、長く沈んでいたマイクの心を明るくした。

レイク市立図書館に行ったマイクは、そこで図書館員募集の貼り紙を目にする。さっそく館長に会うや、マイクの読書家としての知識に感心した館長は即決でマイクを採用した。

時が過ぎ、図書館の仕事にもすっかり慣れたマイクの前に、公園で子供たちに歌を教えていた美しい娘が現われた。彼女の名前はジル。アポリネールの詩集をきっかけに、マイクとジルの心には恋の予感が——。

ジルは大病院の院長の娘で、ずっと歌手になることを夢見ていた。ところがジルの父は、自分の病院の優秀な外科医に嫁がせようと思っている。その外科医は医師としての技術もさることながら、野心家でもあった。

マイクとジルのデートは回を重ね、いつしかふたりには愛が芽生えてゆく。初めてのキス――今のふたりには、お互いの存在がすべて、そして唯一のものだった。

そんなある日、ジルにチャンスがめぐってきた。レストラン・オハラという店を経営するマダムの紹介で、レコード・プロデューサーと会い、ジルはオーディションを受けることになった。しかもジルの歌はオーディション会場で審査員たちの心を魅了。ジルもプロデューサーも大喜び。とりわけプロデューサーは金の卵をつかんだと熱狂するのだった。

そんな折、例の外科医がマイクの前に現われて、ジルは親も認めた自分のフィアンセだと告げる。驚いたマイクは、そっと静かに身をひく決心をする。

一方、ジルの歌手への準備は着々と進んでいた。ジルはマイクに晴れの舞台セントラルシティに一緒に行って欲しいと懇願する。が、マイクは今の静かな暮しを捨てられないと断るのだった。

マイクをとるか、歌をとるかで悩むジル。同じようにマイクも苦しんでいた。

映画・ペンギンズメモリー・幸福物語／サウンドトラック盤の解説書から抜粋。

実は地元のレイクシティにあるレストラン・オハラのオーナーが、大都会のセントラルシティに住んでいるはずと思い込んでいた実の母親だと分かった。母がジルの目の前で名乗るシーンは、胸を打つ演出になっている。母の説得でジルは歌を諦めて、マイクと一緒に人生を歩むことになる。いわゆるハッピーエンドを迎えるのだ。そのクライマックスのシーンは、いわゆる音楽的に〝弦の駆け上がり〟という感情の高まりを表現する弦楽の盛り上がりで、観客の胸を打つシーンになっている。

かつて渥美清さんが寅さんの映画が封切られると、街の映画館をめぐって観客の反応を観察すると言っていた話を覚えていた。それで私も制作コーディネーターの役割として、下町、山の手の劇場を訪問しては壁際で観客の反応を見ていた。いつもこのクライマックスシーンになると、女性の観客がもぞもぞとハンカチを取り出して涙を拭くのを数え切れないほど目にした。アニメーション映画でありながら、大人の感性に十分に訴える作品になっていたと実感した。

「映画ビジネスと広告ビジネスは、違うんだ」

多少、ビジネス上の専門的な説明になるが、以下の説明で簡単に理解していただけると思う。広告の業務は基本的には受注業務であり、映画に関わる業務は基本的には投資業務と、仕事の進め方の発想に大きな違いがある。広告ビジネスは（入るを量りて、出ずるを制す）という受注業務であり、映画制作は全く投資業務でその考え方が大きく異なるのだ。

受注産業である広告業務は、大雑把にいえば千円の予算であれば八百五十円のコストで百五十円の収益が残る。投資業務の映画事業は千円掛けても利益が百円も残らないことがあり、場合によっては赤字にもなり得るのだ。掛けたコストの回収（リクープ）が出来るかどうかはやってみなければわからない。

「映画ビジネスと広告ビジネスは、違うんだ」と映画関係者からよく言われた。従って制作委員会の交渉担当者としては、入れ替わり立ち替わり目の前に現れる映画関係者の方々との交渉は、本当に油断ができない。私は四十歳を前にして過酷な交渉力を求められたのだ。映画制作の報告以外に、配給会社と喧々囂々の折衝業務の結果を得意先責任者に逐一報告することや、制作委員会に問題を提出して判断を求めるのは、制作コーディネーターである私の仕事だった。

私の場合は現場が混乱を避けるためにＣＭ制作を進行する営業アシスタントと、映画制作を進行する営業アシスタントを別々の担当者にしてもらった。得意先の担当者も同じくＣＭ制作の進行を管理する担当者と、映画制作の進行を管理する担当者を分けてくれた。

『ペンギンズメモリー・幸福物語』。映画のタイトルは我々が継続してきたペンギンキャラクターのＣＭの世界とは全くイメージが異なるものになった。幸福物語は（こうふくものがたり）ではなく（しあわせものがたり）なのだ。ハッピーエンドを予感させられるタイトルになっているが、全編一時間四十分のうち最後の十分まで、ハラハラドキドキのストーリー展開になっている。映画そのものの表現世界はＣＭと同じく、大人の鑑賞に耐えるクオリティーを目指すことになり、映画の観客対象はデート映画として若い男女のカップルが中心のお客様になる。映画の公開時期は、家族がたくさん集まるゴールデンウィークと夏休みの間の端境期の六月、いわば梅雨の時期になった。この時期でもカップルを含めて大人たちは結構劇場へやってくる。ラブストーリーものの映画は、この時期に公開されることが多いようだ。そういう背景を勘案した配給会社の考えが主な理由で、映画タイトルが決まったのだ。

日を追って、私は通常の広告宣伝の手順と異なる、映画宣伝という新しいＰＲ業務を学ぶことになった。通常の広告業務は、目の前に商品やサービスがあって、その優位性をアピールしていくものだが、映画の場合は本篇の完成は約十ヶ月先のことなのだ。つまり十ヶ月先の商品について、まずは未完成の商品から広報活動を行っていくのだ。

料理番組を例にとって簡単に説明してみると、今日の献立の材料を、最初にテーブルに全部載せて、それぞれの素材の説明をしていく。一つずつ素材を切り刻み、茹でたり揚げたり焼いたりして途中の進行具合をすべて見せて、最後の味付けをして盛り合わせたカットで、料理の出来上がりのすべてが終わるのだ。この料理はとても美味しいよと見ているものに感じさせるのが腕の見せどころとなってくる。つまり、料理（映画）ができるまでの流れを、いかに美味しそうに見せるかが基本になってくる。そのあとの話題作りは映画でいえば、自然に作品を見た観客の口の端に上れば成功なのだ。予告編づくりも然り、ＰＲの中身や見せ方も然りで、この仕事は広告人として大変学ぶところが多かった。この料理づくりを映画づくりに置き換えてみると、よくわかると思う。基本的に商品（サービス）がありきでその優位性を伝える広告の手法と異なり、映画界との考え方の違いも多く、戸惑うことが多かった。こちらは信じることを真向から意見をぶつけるしかない。ある意味で過酷なビジネスの戦いであった。

一番、意見が分かれたのは劇場用プログラムの表紙のデザインだ。本来プログラムは映画に付随しているものなので、配給会社が制作発行する。しかし表紙のデザインは映画のワンシーンではなく、ひこねのりおさんが特別にデザインした、カンビール広告のシンプルなペンギンデザインを使いたいと言い出した。映画のワンシーンならば、その画像を配給会社は自由に使っても構わないわけだが、彼らは、プログラム用にキャラクターが目立つ広告用のインパクトのある特別デザインを求めてきたのだ。

この考えに我々は大いに反発した。プログラムが映画の映像と異なるシンプルで売れる広告用のペンギンキャラクターを使用するならば、われわれ制作側としては配給側に通常のキャラクターの使用ロイヤリティーを求めざるを得ない。すったもんだの交渉の挙句に、こちらの広告業界の価値観（主張）が受けいれられて、特別デザインの使用となり制作委員会は配給会社から、わずかだが数％のロイヤリティーを頂くことになった。ここでも制作コーディネーターとしてのタフな交渉力が試された。こうして、一事が万事、広告業界と映画業界の既存ルールとの戦いも含めて、映画制作のノウハウを知ることになり、このことは広告会社の社員としては日常業務では得られない貴重な経験となった。

「あのペンギンの間宮さん？」

得意先宣伝部からの依頼でペンギン広告についてのすべてのマスコミ取材は、チームの中で私がまとめて受け答えするようになっていた。この頃から、ペンギン広告といえば間宮、間宮といえばペンギン広告と社内外で受け止められるようになっていたのだ。そのうちチーム内の親しい仲間たちからは、「おらがペンギン」と揶揄されるようになってきた。当時はなんでもかんでも、寝ても覚めてもペンギンに関わる日常生活だったのだ。「おらがペンギン？」。冷やかし半分の揶揄に対して、最初はあまりうれしくない表現と感じていた。しかし、こうして約十年にわたる洋酒メーカー時代の数えきれない毎日の仕事を振り返ってみると、カンビールのペンギンキャンペーンは、懸命に時代と共に走り続けた証とも思えて、不思議と「おらがペンギン」という呼称もまんざらではないと、考えるようになってきたのかもしれない。

私が関わる広告制作会社「J2コンプレックス」の社員が博報堂のある若い後輩たちとの打ち合わせで、ひょんなことで私のことを話題にしたようだ。その時に、

「あのペンギンの間宮さん？」

と言われたと、社員から報告を受けたことがある。私としてはビールやウイスキーなどお酒以外に自動車、菓子、化粧品、家電、通信、航空、炭酸飲料、海外経験といろいろな業界の仕事で闘ってきた。簡単にペンギンと、ひとくくりにされたくはないと、博報堂の後輩社員たちに反論したい気持ちもある。しかし広告会社の歴史の中で、そういうしっかりした足跡が、数十年経った、いまでも社内に残っているのかと考えると、それはそれで結構ありがたい話だと思うようになってきた。

私の広告人生のひとつの熱い血の痕跡だと思えば、いぶし銀に輝く勲章みたいな気もしてくる。同じような人材よりは、これだけは負けないという自分の強みを持った広告営業を密かに目指していたのかもしれない。

当時の会社のスローガンに「粒ぞろいより、粒ちがい」という言葉があった。つまり社員に同じ能力や価値観を金太郎飴のように求めるのではなく、それぞれの個性をどれだけ強み

に変えていけるのか。つまり、粒ちがいの人材を求め育てるのが、当時の会社のカルチャーだったのだ。今思えば「おらがペンギン」とは、自分勝手な解釈だが、個性豊かな自分であれという気持ちを込めて作られた指針に合致している生き方だったのかと思う。そういう意味で私は粒ちがいの広告マンだったのかもしれない。

一九八五年（昭和六〇年）六月二十二日。日比谷スカラ座をはじめ配給会社の系列映画館すべての全国百五十館で封切り上映となり、三ヶ月で百万人以上の観客動員に繋がった。加えて16ミリフィルムの上映料、映画ビデオカセットの販売、テレビ上映などの収入のおかげで、制作委員会として映画制作費をカバーできることになった。映画業界でいうリクープができたのだ。最近の単館上映が多い中、過酷な映画ビジネスに対して素人集団の広告業界の我々スタッフは、映画制作、劇場上映について、よくも粘りづよく戦ったものだと思う。

後で知ったことだがCMのキャラクターが劇場用長編映画になったのは、アメリカのホウレン草の缶詰のコマーシャルで出演したポパイしかないそうだ。映画や漫画の有名キャラクターがCMや広告に登場するのはサザエさんや、最近で言えば劇画の主人公などのように枚挙に暇がない。

この約十ヶ月にわたる未体験の仕事は、私たち営業チームにとって大変珍しいケーススタディーになった。我々チームは、このように映画制作という日常業務と異なるビジネスに立ち向かうという貴重な学びの経験をしたことになる。

大きな岩はゆっくりと動く。カンビール広告は初期の三年間は「瓶」から「カン」への意識革命としての啓蒙期間だった。次の三年間はペンギンというアニメキャラクターの活躍で、新しいビール広告の時代を築いたといえる。サントリーの床波範人さんの、「サントリービールは最下位です。でも缶ビールだけをとれば、ブービーです。おまけに都市部では2位で、頑張れば1位になれる」

という意識変化の提案を、クリエーティブディレクターの長沢岳夫さん、アートディレクターの戸田正寿さん、コピーライターの眞木準さんが中心になって、CMの演出の木村俊士さんも加わり瓶ビールからカンビールの時代に変えた。なんといってもイラストを描いていた、ひこねのりおさんの縁の下の力が、当時の若者を中心にファミリーにおおいに受け入れられたのが大きい。

彼らは「瓶」から「カン」へ大きなビール市場の変化を起こした。言ってみれば、背中に翼をつけた広告サムライたちだったのだ。

第二章　ピンチがチャンスに変わったあの人の言葉。

藤井達朗さんのＣＭコンテは「広告絵本」。

「西と東のお客を呼んで〜」ＣＭは相撲甚句で始まった。

ちょうど博報堂でサントリー担当の営業チームに加わって間もない一九七八年（昭和五三年）のことだった。世の中はちょうど成田（新東京）国際空港が開港した頃だ。

これから始まるいろいろなエピソードは、猪突猛進、まっしぐらに駆け抜けた汗まみれのドキュメンタリーになっている。広告会社の社員として一番脂の乗りかかっていた頃の洋酒メーカーの営業担当時代の話が中心になる。

翌春から始まるビールキャンペーンとして宣伝部制作室は、メインタレントの加山雄三さんが白馬にまたがり、緑の森の中をかけぬける清涼感あふれるＣＭを用意していた。これに満足しない経営幹部は、新しい案を求めて電通との競合コンペになったのだ。我々の企画提案者には、「日清どん兵衛」のＣＭで大阪で活躍していた藤井達朗ＣＭプランナーが選ばれた。

加山雄三さんの起用は必要条件だった。藤井さんはビールのうまさの表現を、加山さんをいつもより二枚目半の役どころでまとめたユーモア路線に仕立てた。藤井さんの力作のおかげで競合プレゼンは見事に勝利したのだ。

ＣＭ企画案はいくつかの路線を考え「あんたが主役」「コンバット・マーチ」「使用上の注意」

とどれもユーモアたっぷりな企画だった。結果的には、関取の旭国（アサヒ）と麒麟児（キリン）を加山さんが迎えるユーモアあふれた新しい形の挑戦広告が評判になり、圧倒的な話題を集めた。（キリン）は関脇・麒麟児関（二所ノ関部屋）、そして（アサヒ）は大関・旭国関（立浪部屋）。どうやって出演交渉をするか。麒麟児と旭国が二人揃って出演してくれないと、この企画は成立しないのだ。

CM制作会社の社長の人脈で相撲番組をしていた民放テレビの重役を通じて、二つの相撲部屋にアプローチした。そのテレビ局に紹介されたあるスポーツ新聞の記者さんの案内で関取の出演交渉を始めた。立浪部屋と、二所ノ関部屋の二つの相撲部屋に対して、それぞれ交渉を進めることができた。その記者さんのおかげで最初の基本的な企画説明が、それぞれの部屋頭に理解されて、二度目の交渉に進展したのだ。

そこからは記者さん経由でアポを頼るのではなくて、我々が直接交渉を進められるように記者さんにお願いした。つまり、一回目以降の出演料交渉、契約書作成、撮影の日程調整や段取りの連絡、得意先の細かな依頼事項も直接に交渉の対応を任せてもらった。交渉する相手が大関と関脇ということもあり、丁寧な対応を含めて神経を使うことがたくさんあったからだ。後に出てくる得意先のたくさんの依頼事項に対して、我々のペースで速やかな正確さで対応するためには、交渉相手に直接話をできる関係づくりが、一番確かで最良の方法なのだ。直接会うことでお互いの好き嫌いも理解できるし、何しろ双方の信頼関係ができてくる。フェイス・トゥ・フェイスの強さの発揮が功を奏することになった。

つまり、ゼロから築く人間関係をどう作り上げていくか。その観点から考えてもフェイス・トゥ・フェイスによる新しい関係づくりが、有力な交渉力を発揮できて、さらなるビジネスチャンスへ結び付ける原動力になった。

双方の信頼関係ができれば、得意先からの多少の無理も聞いてくれる強い関係になる。そうなれば、こちらの状況に合わせて仕切る力がそれだけ大きくなる。それゆえ情報源にどれだけ近づけるかが大切になってくるのだ。キャッチ・ザ・ルーツ（大事な情報は根っこをつかまえることから始まる）という考え方を認識した初めての機会だったかもしれない。この考え方は、どんな業種の仕事上の交渉事にも共通するに違いない。


「西と東のお客を呼んで〜、胸をかりたい男の意気地〜、いよ〜、どすこい、どすこい」と相撲甚句が流れて、京都鴨川の川床座敷の真ん中に座布団に座っている和服姿の加山さんを二人の関取が座布団を前に引き、「あんたが主役」と声を揃えて肩をたたき、主役を盛り立てるストーリー。ちなみにサッポロは札幌と名がつく関取がいないので、四股名の代わりに休場の印「や」で関取がいない座布団だけが置いてあった。

このＣＭが流れ始めると酒屋さんに対して家庭の奥さんたちからは、

「お相撲さんの出ているビールをお願いね」

という声が増え始めた。つまり徐々に「荷」が動き始めたのだ。

当時の酒屋さんは家庭に醤油などの調味料や酒の注文を取りにきて、空き瓶の回収などもしてくれたのだった。

藤井さんのアイデアの麒麟児、旭国のユーモア挑戦広告がヒットして、当初は両関取の契約期間は夏場の半年だったが、この広告でにわかに人気が出て話題になったために、秋以降もオンエアを続けたいということになった。出演契約を延長し、通年広告ができるようにしたのだ。

当時は、ビールの広告は通常、夏場だけの半年のオンエアと限られていたのだ。

秋バージョンのCMについては、藤井さんの考えだした案は、まだ若手女優だった樹木希林さんとの共演案だった。ちょうどその頃、テレビのあるオークション企画で悠木千帆という芸名を売ってしまい、その後の樹木希林という芸名が話題になっていたからだ。加山さんを両関取が挟んでのお座敷の宴会にその樹木希林（キリン）さんが、仲居さん役で仲間に加わったのだ。加山さん、旭国さん、麒麟児さんに絡んで、麒麟児さんの横でポンと肩を叩いて、

「あんた、他人のような気がしないね」

と希林さんと麒麟児さんのキリン同士の掛け合いが受けた。相撲甚句が流れ楽しいCMが

正月まで流れた。

このCM以降、ビールのシェアが徐々に上がり始めて、得意先のビール広告の戦略が大幅に変わるきっかけとなる仕事になった。その話は前述のカンビール広告や、渥美清さんや椎名誠さんが出演するビール広告の話に続くのだ。


「すこし愛して、なが〜く愛して」大原麗子さんは、なんども言った。


CMプランナーの藤井達朗さんの企画した「あんたが主役」シリーズが大人気になり、ユーザーの評判を得て荷が動き始めたおかげで、ウイスキーの「レッド」のCM企画のチャンスを頂いた。大阪での「日清どん兵衛」という当時百円ほどの安価な商品を担当していた藤井さんは、サントリーで一番安価な「トリス」の制作をしたいとお願いしたが、

「トリスは広告しなくても、そこそこ売れるんや」

という宣伝部長の言葉で次に安価な「レッド」の企画制作の機会を頂いたのだ。それまでのレッドは、有名な男性俳優が明るい元気な男の世界を描いていた。

藤井さんは、生活感のあまりない愛情中心に生きている女性を描くことで、密かに男のわがままな理想の世界を表現することを考えたに違いない。

脂の乗り切った女優でそれまでCMにひとつも出ていない大原麗子さんに、藤井さんは白羽の矢を立てて、

「下町の女をテーマにレッドのCMを作りたい。その女性を演じられるのはあなたしかいない」とラブレターを書いたのだ。

麗子さんはその言葉にこころが動き、レッドの広告に登場することになった。このCMシリーズは、結果的に十年近い長いシリーズになったのだ。

後に麗子さんは、

「あたし、これはコマーシャルと思っていません。ドラマと思っています。市川崑監督が指揮者で、あたしが楽器になって動いているのです」と取材で語っていた。

「すこし愛して、なが〜く愛して」は藤井チームの中から生まれたコピーだ。麗子さんの（役柄上の）ご主人は一度も画面には顔を見せたことがないが、山登りやラグビーが趣味の売れない写真家。放蕩息子で、でも頭は悪くなく、それでいて本当はやさしいところのある男。どこか藤井さんの風貌を思わせる男性像のようだった。そんな男と麗子さんとの関係と、安価なレッドとお客様との関係をよく表したコピーのダブルミーニングになっている。十年も愛され続けたキャッチフレーズになった。

グラフィック広告では「ロマンチックが、したいなぁ」などのコピーで糸井重里さんが、このプロジェクトに加わった。CMの「仲直り編」で「男と女じゃ、男が悪い」というナレーションも書いて、俳優の森本レオさんが読んでいた。

後に糸井さんは「このコピーからCMのコンセプトがハッキリしてきたという気がする……」と後述する『藤井達朗　広告絵本』の中で語っている。

CMの画面では、その部屋に似つかわしくなくドンと大きな冷蔵庫が置かれた六畳間が、俯瞰で映し出される。画面の中央にはヒジを枕に横になり、夕飯の献立を考える大原麗子さんがいる。と、彼女はやおら起き上がって、今度は冷蔵庫とにらめっこ。まだ、考えている。ちゃぶ台には重なった二つの茶碗。そして家路につくご主人の姿を想像させる電車や、新聞スタンド、パチンコなどがインサートされる。そう、ここは例によって辛抱強く夫の帰りを待つ大原麗子さんの演じるスイートホームなのだ。

CMの演出は映画監督の市川崑さんに担当していただいた。ヘビースモーカーの市川監督は、くわえタバコに白いキャップ、黒のボタンダウンの縞模様のシャツでスタジオに現れる。セットデザインや照明は、いわゆる映画市川組の皆さんで仕事は進んだ。

このCMの舞台はいつも成城の東宝撮影所で撮影された。丁寧に作るというのが身上で、セットの作りは中途半端ではなかった。撮影所に、古い建物がそのまま持ち込まれた錯覚に陥るような出来栄えなのだ。本箱に並べられた本や机の上の小物、冷蔵庫の中身、台所用品……と、すべてが本物。中には藤井さん自身の所蔵品もシーンに使われた。まさに映画のセットにも勝るとも劣らない。

この広告シリーズは、一九八〇年から約十年も続いた。藤井さんと関わったCM作品は「指輪編」「仲直り編」「山男編」「漬物編」「電話編」「屋根上編」「温泉編」「写生編」「釣り編」「ありがとう編」「ラグビー編」「あったかレッド編」（順不同）と思いつくままに書き上げてみた。

藤井さんの描きたかった女性像は、どれも既に失われた世界、男の願望の世界を描くことだったかもしれない。麗子さんの演じるCMの中の妻は、いつも着物姿で、男のわがまま、身勝手を少しすねてはみるもののジッと我慢して待ち、しかもそれを笑って許してしまうという女性なのだ。つまりどこかに失われた女性の理想像を描きたかったのだろうと、すべて『藤井達朗　広告絵本』（玄光社）に書かれている。

最近、信州の原村に居る友人のペンションで開かれる音楽イベントの手伝いで、八ヶ岳方面に行くことが増えていた。そんな中、ある時八ヶ岳で市川崑さんの片腕と言われたフィルム編集者の長田千鶴子《おさだちづこ》さんと知り合いになった。市川組の映画には欠かせない存在の方だ。その長田さんが大原麗子さんのCM撮影の時に成城の東宝スタジオで、いつも一緒だったことが最近判明した。

小淵沢駅の近くの森の中に「グリーンサム」という彼女のお店がある。たまにお店によってコーヒーを戴きながら昔話にふけることがある。

市川監督がサントリーのCMを引き受ける時に、

「長田さん、あなたも麗子のCMを一緒にやってよ」と頼まれた。

監督は市川組のスタッフを映画同様に見事に揃えて撮影にあたったのだ。前述の美術監督の村木忍さんのセットの中途半端でない出来栄えについて話題にした時に、

「監督はCMでは映画と違って細かなコンテを描かないので、村木さんの考えるセットデザインの絵は大変な迫力があった。映画の時もそうだけれど写らない周りの舞台もしっかりと作っていたの」

麗子さんの顔のアップを少し引いて撮るとしても、バックのセットはちゃんと対応する範囲まで作りこんでいたという。

「カットごとの長さやカメラが寄ったり引いたりのカメラワークは、編集する私が困らないように、監督にはたくさん注文を出したの。セットはそれに耐えてしっかり作ってあったから……。だって編集するのは私だもの」

と、大監督にお願いしたことは、大体すべて黙って従ってくれたのだと、笑いながら話してくれた。

東宝撮影所での夕食は、市川監督のお気に入りの青山の「とんかつ まい泉」から、プロデューサーがセットチェンジのタイミングを見はからって、アツアツのとんかつ弁当が届いた。セットチェンジの時は、監督はじめ藤井さんなどのスタッフのみなさんは大忙しなので、

麗子さんとスタジオの片隅で私がお話し相手になりながら、とんかつ弁当を食べていたのだ。その時のおしゃべりから生まれたポップス演歌『冬のリヴィエラ』の誕生秘話は、あえて、ここでは書かないことにする。

「映画の市川組でも、いつも『まい泉』からお弁当が届いたのですか」

との私の質問に、長田さんは、

「映画はCMと違って、毎日の仕事なので、頂いた食券で撮影所の食堂で食べていたのよ」

と、クックと笑い声で答えた。

忙しいスタジオの撮影時間の中では、私の気がつかない厳しいプロの戦いがあったのだ。企画した藤井達朗さんは凄いスタッフに囲まれてサントリーレッドのCMをつくっていた。藤井さんはやっぱり凄い人だったと、改めて長田さんからも教えられたのだ。

「超忙しいこの二人が見舞いに来るとは、いよいよ私も危ないか」

一九八五年（昭和六〇年）春休み、つくばで開かれていた科学万博を家族全員で楽しんで、最後の週末を子供たちと河口湖の保養所を予約して遊ぼうと予定を入れてあった。「あんたが主役」というユーモア挑戦広告の仕事を獲得し、続いて大原麗子さんのシリーズが人気になり、レッドの売上は好調に推移していた中、クリエーティブディレクターの藤井達朗さんが病に倒れて、突如帰らぬ人になった。取るものも取り敢えず、お通夜と告別式、ご家族とともに火葬場までご一緒させていただいた。

あるときチームの羽場祥修先輩と二人で、心配のあまり病院にお見舞いにいったところ、

「超忙しいこの二人が見舞いに来るとは、いよいよ私も危ないか」

と悲しい顔をされた。とっさに私が発した言葉が、

「今日は得意先の創立記念日で朝から暇で暇で、仕方なくお見舞いにきたのですよ」

と笑いながら、でまかせの嘘を言ったあの日からそう遠くない日に、あっという間に亡くなってしまった。

藤井グループの後輩CMプランナーの禧久均《きくひとし》さんから、自分の机の下の段ボール箱に藤井さんが描いたCMの絵コンテが、山ほど残っていて、どう整理して良いか見当がつかないと相談があった。何か役立てる良い方法がないかなと考えていたら、しばらく経って禧久さんが本を作れたらいいなと言い出した。良いアイデアだが、これは広告制作と違って仕事ではないので、どうやって制作資金を集めるかが一番の問題になった。

藤井さんの担当していた主な得意先は「サントリー」「資生堂」「永谷園本舗」「日清食品」「松下電器」の五社。五人の得意先営業が集まりお互いの知恵を出し合い、続いて業界のシンパを加えて発起人となって協議を重ねた。出版社は『コマーシャル・フォト』の玄光社が出版

の協力を受け入れてくれた。

というより無理やりお願いしたという方が正しい。

河村民子編集長が『ＣＭ　ＮＯＷ』という既存誌のコード番号を使えば、容易にムック本として出版にこぎつけるというアイデアを出してくれた。河村編集長には、いつもサントリーのＣＭ撮影時の秘密取材をお願いしていた関係で、ことのほかスムーズに話は進んだ。


問題は出版のための資金だ。得意先五社の営業担当者がそれぞれの得意先に、共通のムック本制作の趣旨説明書でプレゼンを行い、首尾よく大半の資金集めができた。残りの不足部分はＣＭプロダクション、音楽事務所などに協力をお願いし、おかげで出版の資金の目処が立った。みんな藤井さんにお世話になった営業担当同士で、業務以外の見事な社内横断プロジェクトが連携して成立したのだ。

広告制作は仕事だが、藤井さんの本の出版は、社内的に非公式で立場がややこしかった。しかし業界の良き時代に支えられて見事な百三十ページのムック本ができたのだ。『藤井達朗 広告絵本』は初版本として一万部が出版された。


はじめて藤井達朗さんとお会いしたのは、博報堂の関西支社の会議室でサントリービールの競合コンペの準備の時だった。

競合コンペの企画が勝利してビールの仕事が順調に動き出して、しばらくした頃に、
「東京から細身のスーツで黒縁メガネのなんと頼りない営業がやってきたのだろうか。こんなんで大丈夫やろかと思ったんだけど……」
と私との初対面の印象をいつも笑いながら、大変な思い違いだったと、何回も周囲に語ってくれていた。

しばらく仕事のお付き合いが続いた頃、たまには六本木の馴染みのカウンターバーに寄ることがあった。

「若いおまわりさんと間宮君の歌」

広告業界誌の『ブレーン』に藤井さんが寄稿した一文である。

気がついてみると、ここしばらく〝わかいおまわりさん〟で、間宮君の歌を聞いていない。去年あたりまでは、アゴをあげ、胸を張り、両手を広げて発するあの独得の節回しを聞いたものだ。

といっても、間宮君は歌手ではない。博報堂のアドマンである。サントリー担当のクリエイティブ営業である。そして〝わかいおまわりさん〟は、間宮君たちアドマンのたまり場である。フリーのコピーライター、デザイナー、エージェンシーなど、出

入りしているうちに顔見知りになり、〝わかいおまわりさん〟は、自然、間宮君たちアドマンのたまり場になってしまった。（中略）ここのママは、Tシャツにジーパン姿で、ママというより幼稚園の保母さんて感じ。細い体をまるで金魚鉢の金魚のように、花と客の間を割って泳いでいる。そして、間宮君は、ここで、歌うのである。出しものは特になく、百花繚乱、種々雑多、ただ、去年、京都の祇園で歌った〝銀座の恋の物語〟は圧巻であった。

彼の発する歌は、メロディ、節まわし、テンポがすべてきっちりはずれているのである。一小節目にボクたちは、笑ってしまう。間宮君は、そんな周囲の反応にはまったく預かり知らぬカオで堂々と歌う。

アドマンとしての彼は常に緻密で、シニカルで、アメリカ人のようにモビリティであり、彼を知る人たちは、彼のシニカルな容姿と彼の発する歌との落差に驚き、あわて、気の毒がり、気持の行方を笑いの波枕に身をよじってお腹を押えて臥してしまうのだ。（中略）贔屓目にみたって上手ではないけれど、彼のあの二枚目のピュアーなエンターティナーのソロアルバムは、六本木の否、東京のマッドな空気の清風なのだ。

（博報堂第4制作室ディレクター：ふじい・たつろう）

確かにモビリティーという表現は、多少気恥ずかしいが、次のエピソードでも言い得て妙だが、とにかく愛情あふれる名文を広告業界紙『ブレーン』に寄稿してくれたのである。

ある日、宣伝部にサントリーレッドの新しい企画コンテを翌日に提出するために、藤井さんが夕方までには東京に来るという約束が、

「すまん、そっち（東京）に行けないので、夜までにこっち（大阪）へ来てくれないか」

私にとってはいつものことで、例の如く新幹線に飛び乗り大阪へ向かい、直接藤井チームのメンバーが集まっているホテルの畳の大部屋へ飛び込んだ。部屋には日清食品担当者もいる。しばらくはその日清チームのアイデア出しを手伝い、ある時間からはレッドの企画時間になる。今度は日清チームの担当者もこちらのアイデア出しに協力するのだ。

夜が明けると、私は出来立ての企画コンテを受け取り、一人東京へ戻り、赤坂見附の得意先宣伝部へ飛び込んでプレゼンをこなしたものだ。

藤井さんは、周囲のみんなに愛される性格で、まさにレッドのＣＭの麗子さんの画面に現れないご主人のような存在だったに違いない。にこっとして控えめに「頼むわ……」と言われると、こちらは、そうか、何とかしなくてはと思い、言われたようにまとめるしかない。いつも実直に従うのだった。

先輩の羽場祥修さんと病院にお見舞いに行った病室で、

「もしな、退院したら博尚クラブ（会社の社員クラブ）の片隅の小机で、一枚百円でもいいから一日中絵コンテの絵を描くアルバイトがしたいなぁ」と力弱く微笑んだ。

藤井達朗さんは、ほんとうに絵コンテを書くのが好きな方だったんだと、いまでもその言葉を思い出している。

藤井達朗さんは奈良で生まれて、大阪を主戦場として広告の仕事で花が開いた。その後、人事異動により東京本社で管理職兼任のクリエーティブディレクターとして仕事をすることになった。

しかしクリエーティブでは第一線の仕事をこなす藤井さんであったが、管理職としてメンバーの交通費の処理などは、大変苦手だと伺った。というか全く管理の仕事には向いていなかったのだ。根っからの制作者魂に燃えた方だった。

東京に転勤されて、どういうご縁があったのか、ご家族で逗子のハイランドという街に居を構えた。鎌倉の私とはとても近くなったのでタクシーで深夜に逗子の自宅へ送ったことが何度もあった。前述の「若いおまわりさんと間宮君の歌」の頃である。

その後、戸塚周辺のマンションに移られた。藤井さんが亡くなって少したった頃、マンションの別の部屋でガス爆発事故があった。しかし藤井さんのお宅は同じマンションの爆発事故にもかかわらず、お部屋はビクともしなかった。

「このマンションの壁は、他のマンションよりも少し厚くできているので、爆発からも家族は守られた。フジイが守ってくれたと感謝しているの。仕事馬鹿でなく、ちゃんと家族のことを、考えてくれていたんですね」

と、事故のお見舞いを兼ねてお線香をあげに伺った時に、ふと奥さまが漏らしていた。

藤井達朗さんは、四十八歳というまだまだこれからという働き盛りだった。そんな藤井さんが、突然のようにこの世を去った。ほんとうに悔しい気持ちの中で、宝物の『藤井達朗広告絵本』だけが、私の手元に残った。

二〇一八年三月、三十三回忌を迎えたという。

薬師丸ひろ子さんは、幸運の女神さま。

「担当として、ちゃんと責任を持つなら、薬師丸を預けます」

カンビール広告のペンギンシリーズが三年続いて、そろそろペンギンに変わる新しいキャラクターの検討に入った頃だった。クリエーティブディレクターの長沢岳夫さん、アートディレクターの戸田正寿さんや演出の木村俊士さんなどのスタッフから意見が出尽くした頃に、「少し前に成人に達したのだから、薬師丸ひろ子さんはお酒のコマーシャルに出られるのではないだろうか」

というアイデアが出て慎重な検討の結果、得意先からタレント交渉の了解も得られた。『野生の証明』でデビューして、『セーラー服と機関銃』もヒット作になり、『Wの悲劇』で主演女優賞を獲得した頃で、人気最高潮だった。

薬師丸さんのCMマネージメントは吉永小百合さん、大竹しのぶさんの所属する島田智子事務所（当時）だった。島田智子さんは会社の元先輩ということもあり、かつてカンビールのシリーズで前述の通り英語のCMソングを大竹しのぶさんにお願いしたことがあったのだ。

私はひさしぶりに島田智子さんにお会いし、

「ビッグキャラクターのペンギンを超える人は薬師丸さんしか考えられない」

とカンビールの出演交渉をしたが、そう簡単に了解を得られる話ではなかった。

一ヶ月間のやりとりの結果、ある日島田さんから電話で呼び出された。

「事務所として、いろいろと検討を重ねた結果、間宮さんがちゃんと責任もって担当していただけるならば、カンビールの仕事に薬師丸を預けます」

と、ありがたい返事をいただいた。つまり出演の了承を得られたのだ。

しかし、私はそのとき既に十二月の新年度基幹人事で社内異動の内示を受けていた。

「事情はすぐには言えませんが、私がカンビール広告の直接の担当はできないことになりました。信頼できる後輩たちが担当するので事情を理解してください」

と、丁寧に説明した。

「どこの担当になるの」

島田さんから厳しく尋ねられたが、流石に内示の内容はその場では公表できない。なんとかカンビールのCM出演だけは確定していただき、

「狭い業界なので、また近々お世話になることもあると思います」

と、無責任に聞こえる返事しかできなかった。


十年もお世話になったサントリーチームを離れて、私は営業部長に昇格して、家電メーカーと通信会社の担当部長になった。図らずも島田さん、薬師丸さんとのご縁は、カンビール以外の関係で、これからも続くことになる。

十二月になり、日経新聞に基幹人事が発表になった日に島田智子事務所を訪問して、

「今後営業部長として東芝、NTTの担当をします」

と、伝えることができた。その得意先二社とは薬師丸さんがたまたまCM契約をしている

企業で、東芝では「ビデオ」と「カラーテレビ」、NTTでは、「トークの日」という企業広告に出演中なのだ。同僚仲間の誰かに間宮は運のいい奴だと言われたが、結果的にはたった一週間で、薬師丸さんが活躍している企業を通じて、島田智子事務所とご縁が復活する可能性ができた。

島田智子さんとご縁が復活する可能性ができたとは言っても、CM契約している新しい得意先の商品を簡単に自分たちが、担当商品として取り扱えるわけではない。洋酒メーカーを十年も担当してきた私は、新しい業種に慣れるのには多少の時間が必要だった。後輩部員や制作スタッフからのヒアリングはもちろんのことだが、島田智子さんには、タレントビジネスを通じて得た、外部から見た得意先広告部についての情報提供をお願いした。島田さんは会社の元後輩の私に詳しく組織や広告部の性格、キーパーソンについてなど興味深い情報を提供してくれた。私たちにとってはプレゼン以前の準備として、ほんとうに新鮮でありがたい事前情報であった。そして島田さんとのご縁がまた、新しい営業活動の道を切り開くことになったことも幸運だった。

私は着任早々、意気込み新たに広告担当部長の柳井清さんに、新チームの存在を強くアピールした。その結果、春の家電広告の競合プレのAV商品別担当代理店が発表され、運良くビデオとカラーテレビの二商品の競合プレゼンに参加が決まった。とはいっても七、八社競合プレゼンという浜辺でコインを探すような競争なのだ。知恵をフル回転して頑張るしかなかった。

まず初めにビデオの競合プレゼンの機会がやってきた。幸運だと思っても所詮は七社競合だ。タレントは薬師丸ひろ子さん。商品機能についてのオリエンテーションは、リモコン（リモートコントロール）にいろいろな機能が入った（多機能リモコン）、デジタルで綺麗な映像が再生できるサラウンド方式（デジタルグラフィック）、ストロボはスロー再生が分割画面（十六分割）で見られる機能。つまり、リモコンで、デジタルグラフィックで、サラウンドでストロボを楽しめる多機能ビデオの登場なのだ。その機能全部を伝える広告が競合プレのポイントだった。

【リモコデジグラサラストロボ】

「リモコデジグラサラストロボ」という言葉をクリエーティブディレクターの横内理員《よこうちまさかず》さんが見つけてくれた。リモートコントロールをリモコンと言うのはもちろん、パワーステアリングをパワステと言い、デジタルカメラをデジカメと言うように、若者たちには言葉を略して使う習慣が流行り始めていたのだ。それがむしろカッコいいという感じで、商品特性をすべて略してみたら「リモコデジグラサラストロボ」になり、これが決め手になって競合プレゼンに勝ったのだ。

このおまじないのような言葉のラップ音楽をバックに、数名のファッショナブルな衣装をまとった若者たちが、薬師丸さんとともに都会の街頭で楽しく踊るというCMにまとまった。踊りながら薬師丸さんのナレーションで「リモコデジグラすると、サラストロボが楽しめる」と好感度の高いCMに出来上がった。

グラフィック展開はアートディレクターの桑原明さんが担当した。私と同世代で今ではゲームソフトのクリエーターとして活躍し続けている。今でも地元湘南での一献が楽しい仲間でもある。

余談だが、「リモコデジグラサラストロボ」という言葉で七社競合プレに勝ったエピソードを、クリエーティブディレクターの横内さんに確認のため電話した時に、「間宮さんが、サントリーオールドのお歳暮企画のコンペで、BGMに提案した『サンライズ・サンセット』の著作権をアメリカに飛んで、クリアしてくれたことは一生忘れません」と言われた。私が部長になって初めてのビデオの競合プレに勝てたのは、横内さんのおかげとの気持ちをどんなにも伝えても、横内さんはほとんど記憶になく、逆に私がとんと忘れていた出来事を、そのCM作品は自分のクリエーターとしての一生の宝物だと、いまでも感謝していると言われた。

『サンライズ・サンセット』は、映画やミュージカルの『屋根の上のバイオリン弾き』で最も印象的な劇中曲なのだ。その年のお歳暮のCM企画には「陽が昇り、そして陽が沈む」という言葉がぴったりとした音楽のアイデアだった。なんとしても楽曲使用の許諾を取らなくてはと奔走したことを覚えている。

置かれている立場によって、人生にとって双方に残る一番のありがたい記憶に、大きな違いのあることに気が付いた。

【ど真ん中から重低音衝撃波】

続いてカラーテレビの競合プレゼンが迫ってきた。今回も七社の競合プレゼンに参加の機会を得ることができた。タレントは薬師丸ひろ子さん。今回の新しい商品機能は、名付けてスーパーウーハー（重低音の増強）。優れた重低音が画面の真ん中から飛び出すステレオ方式のカラーテレビなのだ。

プレゼン企画はCMのアイデア先行で、最新型のフォーミュラ・ワン（F1）がサーキットのバンクを駆け下りてくる心象風景の中に、薬師丸さんが真っ白なコスチュームをまとい立っている。F1が大きな響きを立ててコラージュされた薬師丸さんを突き抜けていく。「ど真ん中から重低音衝撃波」という商品特長の芯をくったキャッチコピーが画面いっぱいに飛び出してくる。このコピーはコピーライターの岡田直也さんの手によるものだ。

この競合プレゼンも続いて勝利したが、この企画アイデアには思い込みによる大失敗が潜んでいたのだ。Ｆ１の出す排気音は、キーンキーンと重低音とは程遠いもので、スタッフの提案でＦ３のより低音の排気音を使うことで難を乗り越え、企画通りの迫力あるＣＭに出来上がった。「ピンチは必ず、解決策を連れてくる」と先輩の誰かに聞いた言葉だ。


短期間にこのような二つの成果を上げられたのには、実はこんなことがあった。

着任早々、広告担当部長の柳井清さんに新チームの存在を強くアピールした時に、

「我々チームが、なかなか競合プレゼンで成果を上げられない理由は何が考えられますか」

と尋ねた私に、

「御社は、いつもオリエンで言われたことしか提案しない」と強い調子で言われた。

つまりオリエンで求められた内容に、プラスαの提案がないということを意味していた。それは提案の方法が「課題解決型」か「問題発見型」かの視点の違いになるのだと思った。つまり商品の側に立ち、生活者の側に立つ。その車の両輪双方から求めている「解決策」を探し出すことを求められていたのだと気が付いた。得意先が行うマーケティング課題と同じ視線で考えた先に、もうひとつの解答を見つけ、それが真のサービスを生み出すことに繋がる。そういう認識を新メンバーと共有できた。それ以来、柳井さんはじめ広告部の方々との

日常の情報のやり取りが活発になった。

その結果、新しい部に営業部長として着任早々、社内の新しいスタッフとともに、いきなり競合プレゼンでビデオとカラーテレビの二商品の広告を、短期間で見事に獲得できた。プレゼンに勝利すると、その商品のテレビスポットなどの媒体扱いが得られるのだ。部員、スタッフの協力に加えて、島田智子さんの応援が功を奏したと言える。

このあと、下半期には新機能掃除機と多機能冷蔵庫の家電二商品も、生活者発想によるキーワードを駆使して八社競合プレゼンで勝利でき、東芝チームとしては、競合プレ四連勝と大きな営業成果を上げることができた。

「薬師丸さんが、出演している企業広告の仕事に挑戦したいんです」

東芝チームの勝利に続いて落ちついたところで、NTTチームの部員たちにヒアリングして彼らの営業目標を改めて確認した。既にチームのメンバーは「カエルコール」というお父さんたちが帰宅時間を、駅や街角にある公衆電話から家族に伝える需要促進キャンペーンで世間の評判を賑わせていた。

改めて現場の部員の希望を聞いたところ、

「どうしても薬師丸さんが、出演している企業広告の仕事に挑戦したいんです」

と、部員全員が言った。

つまり企業広告「トークの日」の担当代理店になりたいというのが部員みんなの希望だった。私はみんなの獲得したい仕事を、あの有名なウインブルドンのテニストーナメントにたとえてみた。

「ウインブルドンのセンターコートで試合をしよう」

というのがチーム全体の新しい共通の目標になったのだ。

さっそく、広告部長に強いお願いをして自主プレの機会をいただけることになった。結局、広告部は公正を保つために、企業広告「トークの日」の担当代理店を含めた四社の競合プレゼンということになったのだ。

制作スタッフについては、従来の「カエルコール」の社内制作メンバーを尊重したが、コピーライターの糸井重里さんに加わってもらうことにした。洋酒メーカー時代はいろいろと仕事を組ませていただいたのだが、今回は競合企業のない国内通信会社（当時）の仕事ということで、すんなりと参加してくれた。糸井さんの希望で一番若いCMプランナーの家田利一さんが、いくつもの案を持って糸井さんと会った。たくさんの企画を整理してブラッシュアップして、競合プレゼンに臨んだのだ。

「前日まで糸井さんが地方にいるので、朝一番のプレは避けてほしい。できれば午後の順番に。糸井さんもぜひ参加したいと言っていますので……」

プレゼンの順番について、わがままなお願いをしてしまった。当日のプレゼン会場は通常の会議室から昼食後の社員食堂に変わって、広告部長をはじめ、広告部員が十五名以上参加されたのには驚いた。

「これでプレゼンは勝ったな」と妙な予感がした。

企画説明は家田さんで、糸井さんが企画の援護射撃、私も援護射撃しながらプレゼンの進行役を務め、見事に競合プレゼンに勝利したのだ。この仕事で家田利一さんは翌年の東京コピーライターズクラブ（ＴＣＣ）で、新人賞を受賞するというおまけもついたのだった。

プレゼン企画を一旦得意先に受け入れられたら、どんな障害があってもその問題を解決する決着力と、その企画自体を完成させる力が必要になってくる。いきなり島田智子事務所の方針との戦いが始まってしまった。薬師丸さんの声の部分でボイスオーバーとリップシンクロの違いについてである。

得意先の決定コンテに対して島田智子さんが難色を示して猛烈に反対してきた。当時は高倉健さんや吉永小百合さんはＣＭではリップシンクロ（広告画面で商品情報のセリフをしゃべること）を決して行わない。薬師丸さんもそのように育てていくのが事務所の強い方針だった。つまり画面では商品推奨に関するおしゃべりは一切しない。ナレーションのような天の声（ボイスオーバー）でしかメッセージはしないルールだということだ。知らなかった。確かにその頃の薬師丸さんのＣＭはナレーションばかりで、リップシンクロの作品はなかったと気がついた。いま思えば家電メーカーのビデオのＣＭも、カラーテレビのＣＭでもそうだった。

今回の決定コンテでは黒バックの前で、薬師丸さんが受話器を片手に、カメラに向かって六十秒間ゆっくりと間合いをとって、好きな相手に向かって躊躇しながら、思いの丈をしゃべるシーンになっている。黒バックの中で三匹の白い犬たちが、後ろからひろ子さんのじれったい態度に早く打ち明けるように後押しをする。映画のようなシーンが企画の味噌だった。

ひろ子　それから、なんだっけなぁ、あの……
犬Ａ　好きです
ひろ子　なんでもないんです。だから……
犬Ｂ　好きです、だろ
ひろ子　いえ、だから、彼女、とっても素敵な人だなって思って……
犬Ｃ　好きです、じゃないのか
ひろ子　だから、幸せになってほしいなって思って……
犬ＡＢＣ　言っちゃえ、言っちゃえ、言っちゃえ
（少しの間があって）

ひろ子　好きです。好きなんです。愛してるんです……
Na　むねにとびこむ、トークの日（企業ロゴ）

島田智子さんをなんとか説得して、この企画を了解していただく必要があった。私は薬師丸さんの出演している既にオンエア中の、後輩たちが手掛けたカンビールのCMを思い出した。オンエアされていたカンビールの広告では、ひろ子さんはカンビールを手にして、直接ビールを飲んでいるシーンがあった。たとえ中身が水であっても、画面上では見事に美味しそうにビールを飲んでいる。飲むことで美味しさのシズルを伝え、ちゃんと商品の優位性を推奨していたのだ。

私の考えた島田さんへの苦し紛れの提案は、
「受話器はカンビールそのもので、おしゃべりは飲み込むビールそのものだと思います」
との強引な理屈を並べたのだ。言い換えれば、受話器はカンビールと同じで、好きな相手にしゃべることと、ビールを飲むことは同じだと主張したのだった。乱暴な説得シナリオだった。薬師丸さんの女優としての演技を通じて企画通りCMを完成したい。島田さんにそう主張をしたことだけはしっかりと覚えている。

何故かこの苦し紛れの理屈を島田智子さんは受け入れてくれた。

責任を感じたプランナーの家田利一さんは、事務所試写用に何案ものバリエーションを準備してくれていたが、島田さんへの編集試写を始めた時に、プレゼンで勝利した原案の電話で相手にしゃべるCM案を見て、

「これは、リップシンクロとは言わないよね」

と、はっきりと島田さんは了解してくれたのだ。確かにこのCMでのおしゃべりは商品推奨をしてはいない。島田さんの反応はCM画面で商品推奨のセリフをしゃべるというリップシンクロは決して行わないという、事務所のルールは変えていないという意思表示だと思った。島田智子さんは、競合プレで勝った作品を、英断をもって了解してくれた。つまり私たちチームに対して強力な味方になってくれたのだった。

プレゼンテーションで大事なことは、どんなに良い企画でも、企画倒れになってしまってはビジネスにはならない。つまり提案力というのは、考え抜いた知恵が必要なので、すべて目的に向かった突破力が必要になってくるのだといえる。営業は、考えに考え抜いた発想での説得力が必要だという実例であり、プレゼンの相手は得意先だけではないという実例だった。この競合プレゼンも勝利して、島田智子さん、薬師丸ひろ子さんとも新しい形でご縁が復活した。

同じ頃、サントリーチームの信頼すべき後輩たちが、薬師丸さんを主役にした見事なカンビールの新しい広告をどんどん作り上げていた。先輩の私も、信頼すべき後輩たちも、薬師丸さんを主役として家電の世界、通信の世界、ビールの世界で新しいステージのスタートを切ることができたのだ。

こうして新人営業部長として幸運なスタートを切ることができた。転んでも、ただでは起きない悪運の強いビギナーズラックだと周囲から冷やかされた。なぜならばタレントマネージメントに厳しい島田さんにしても、いつもは簡単に競合プレには参加しない糸井さんにしても、私にとっては大きな味方になってくれたからだ。

渥美清さんは、人の心をつかむ達人。

「金色のブレスレットを買うお金はあるのかい」

フーテンの寅さんこと渥美清さんが、難攻不落のCM出演を了解した時の言葉だ。企画の中でご希望の小道具が大した金額の買い物でもないのに、渥美さんらしいこのセリフだった。この時から、渥美清さんとはお亡くなりになるまでの約八年間のお付き合いが始まったのだ。

瓶ビールからカンビールへ。そして生樽のブームが加わり、にわかにビールの容器革命が起こった頃の話だ。アルミ製の樽に入った二リットル、三リットル入りの生ビールがぐんぐんと人気になり始めた。ビアホールの味を連想させる樽入りビールを、業務用ではなく家庭用に売り出したのがミソなのだ。つまり、ビアホールの味を、家庭で簡単に楽しめる樽生戦争が始まったわけである。

得意先の「生樽」の広告も活性化して、泡が綺麗なアワミクロン、取っ手がついてさらに便利とメリットをCMで謳っていた。そんなとき藤井達朗CMプランナーの企画でベテラン女優の京塚昌子さんやタレントの西川きよしさんが出演するCM「お座敷列車編」がヒットした。

翌年は得意先宣伝部から、もっとインパクトのある広告を求められて、日本中にアピールしたいということで、天の声付近からフーテンの寅さん（渥美清さん）に出てもらおうということになった。これは大変なことになったと、宣伝部の辰馬通夫さんと羽場先輩を交えた相談の結果、演出はCMランドの高杉治朗さんにお願いすることになった。

高杉さんは既に前年の瓶ビール広告で、長沢岳夫さんの「若さの時代かな。」のコピーでCM音楽として『南回帰線』（作詞・山川啓介、作曲唄・堀内孝雄／滝ともはる）をバックに旅の青年がアフリカ象とビールで乾杯しているCMがヒットしていたのである。

フーテンの寅さんが、

「日本中の皆さん。生樽はこれだよ！」

という演出コンテを持って交渉役の私は企画の高杉治朗さんと、大船の松竹撮影所へ渥美清さんを訪ねた。年末公開の『男はつらいよ（寅次郎かもめ歌）』の撮影が大詰めの一九八〇年（昭和五五年）十一月二十一日のことだった。楽屋で初めてお会いした渥美さんは、ちゃんちゃんこを羽織って現れた。

高杉さんが、おそるおそる差し出した手書きのCMコンテを見た後、ゆっくりとした口調で渥美さんは、

「寅さんは山田監督の作品で私ではないのです。みなさん、そういう企画を持ってきますが、全て断っています。残念でしたね」

当然の結果と想像はしていたが、なんとか、あれこれ食い下がる我々に、

（それじゃ、また、いらっしゃい）と渥美さんは本当に小さな声で言った。

その小さな「ひとこと」を私は聞き逃さずに、

「来週はどこへお邪魔すればよいですか」

と企画の当てもなしに、せっぱつまって質問してしまった。

「高島、来週の今日はどんなスケジュールなんだい」

と、マネージャーに問い始めたのだ。

（また、いらっしゃい）は嘘ではなかった。一週間後の時間と場所は変更になり、大船の撮影所ではなく代官山の渥美さんの個人事務所へ伺った。

高杉さんは先週のコンテの内容はほとんど変えずに、格子縞の背広とおなじみの帽子を白一色にしただけで企画コンテをお見せした。

「何、これは先週と同じじゃない」

と、渥美さんの反応に、すかさず高杉さんは、

「渥美さん。見てください。今日は白いスーツ姿に白い帽子なのです。あのジュリーになってほしいのです」

当時、『勝手にしやがれ』（作詞・阿久悠、作曲・大野克夫、唄・沢田研二）が流行っていたのだ。ジュリー（沢田研二）が口に薔薇をくわえて、真っ白な背広で大きなジェスチャーで歌っていたのだ。

「渥美さん、ジュリーになってください」のひとことで始まる企画は、青空の下どこかの外国の浜辺の小さな洒落たコテージのバーカウンターに、生樽が置いてありカウンター越しに真っ白な上下のスーツ姿で、渥美さんは冷えたグラスを持って立っている。

じっと絵コンテを見ていた渥美さんは、

「間宮さん、お金はあるのかい」

と私に向かって言ったのだ。

「金色の指輪に、小指なんかこう立てちゃって、金色の細いブレスレットを腕に巻いたりしちゃってさ。金色のブレスレット用意してくれるかい。できたらビキニ姿の外国人の背の高いお嬢さんが、横に居たらなおさらいいね。この男は何も外国語は喋れないんだけど」

と、ポツリと言い出したが、あの四角な顔にちいさな目が笑っていた。出演交渉はその言葉で決まったのだ。百戦錬磨の高杉さんの静かでおっとりとした語り口だが、どこか説得力のあるプレゼンテーションだった。目の前の大俳優に向かってフェイス・トゥ・フェイスのやり取りを見て、説得するときの呼吸の使い方などに学ぶところが多かったことを昨日のように覚えている。

「私は不器用なので、あまりたくさんの仕事はやらないが、十一月、十二月は四、五日しか空いていない。他からも食品の企画が来ているが、ビールに出るなら、ほかは断るしかない」

と、その日の私の手帳には渥美さんのコメントがあった。一度で諦めずに二度にわたって粘ってチャンスを狙う。ピンチをチャンスに変えるという、顔と顔を合わせたフェイス・トゥ・フェイスの極みだった。

結果は、ダメからＯＫに逆転したわけなのだ。企画そのものの良し悪しも、もちろんだが、渥美さんは初対面の高杉さんや私の人柄を、信頼できる人柄かどうか、ちゃんとじっくり見極めていたのかもしれない。その時、私は面と向かった交渉の大事さを改めて知った。後はマネージャーの高島さんと進めることになり、十二月に二回、一月に二回、渥美さんを囲んで代官山の小川軒で企画打ち合わせを行った。

「青年よ、渇いているか!」

渥美さんの希望もあって日本人のいないところでロケをしたいということになり、スタッフが探し出したのがフィリピン諸島の小島、シコゴン島である。マニラ国際空港から小さなプロペラ機に乗り、一時間ほどで到着する未だに観光案内の少ない島である。島の中にはちいさなホテルがひとつだけあり、浜まではすぐに歩いていける。飲み物など浜のコテージでの買い物は、全てボールペン一本で済む。精算はホテルの付けになるからだ。冬のあいだに夏のシーンを撮るためにどうしても、このような海外ロケになるのだった。

「あっ! 寅さんがなにか撮影している」

ロケ場所が人気のあるハワイなどだと、そう言われるのを避けたいという渥美さんの願いを受けて、ロケ地はシコゴン島になった。人気《ひとけ》のない場所での撮影は順調に進んでいった。

夜になると渥美さんの部屋に演出の高杉(治朗)さん、カメラの坂田(栄一郎)さん、スタイリストの北村(道子)さん、ヘアメイクの渡辺(サブロオ)さんに、プロデューサーの山浦（國男）さんが集まってくる。昔の浅草の演芸館の苦労話や、いきなりお化けの話、出演仲間の笠智衆さんや、蛾次郎さんとの出会いから、いままでの付き合いを細かく話してくれたりした。まるで、旅先の宿で寅さんから面白い話を直接聞いているような錯覚に陥るのだった。

また、こんな話もしてくれた。あるとき例によって葛飾柴又へ帰って来た寅が、二階の部屋で休んでいる。下の茶の間ではおいちゃんたちが、夕食後に到来物のメロンを切っている。当然、いつもの人数で分けている。そこへ寅が階段から鼻歌交じりで降りてきた。お兄ちゃんの分が足りないと、はっと気がつく妹のさくらたち。その時の寅さんのずっこけた受けの演技に対して、若者の観客の多い渋谷や新宿の映画館は笑いに包まれる。ところが年配の観客の多い浅草や上野の映画館では、「なんで寅の分も計算して切らないのだ」と怒りでし〜んとしているのだ。下町の人情深いお客さんたちは、家族ってなんなのだと本当に怒っているのだと渥美さんは話してくれた。渥美さんは映画が公開されると毎回、いろいろな映画館で目立たないように最後に館内にはいり、一番後ろで観客の反応を見比べて、次の芝居の研究をしていたのだ。

「この続きは、また明日。さぁ、そろそろ寝ましょうか」で、その夜の楽しい寄り合いは終わった。

ＣＭのナレーション取りの時、画面ではビキニ姿の外国人の背の高いお嬢さんが横に居るのだが、男はしゃべることが出来ない。

「コムギケーションは難しいなぁ」

とつぶやくようにコミュニケーションとアドリブで言ったつもりの言葉が、なんとなく寅さんが映画の中でインテリぶった時に発する言葉のようでポスターのコピーにもなった。

もうひとつ渥美さんのアドリブコピーは、

「青年よ、渇いているか！」

このナレーションはビールのＣＭとしては極めつきだった。

寅さんが柴又へ戻ってきたとき、裏のタコ社長の印刷工場の若者たちに向かって、

「労働者諸君！　真面目に働いているか」

というセリフを彷彿とさせる説得力のある言葉だった。

渥美さんは企画の芯を理解されていて、アドリブのように見せて、実はよく考えこんで発したセリフではないかと今でも思っている。渥美さんは本物のコピーライターでもあったのだ。

私の職場が有楽町にあった頃に、午前中に駅まえを歩いていると、黒のジャケットに黒のハイネックの服に黒の洒落た帽子を、目深かにかぶりサングラス姿の渥美さんに、バッタリ

会うことがあった。もちろん、こちらからは気がつくわけもなく、

「間宮さん！」

と、ささやくようにいつもの渥美さんの声がする。よく聞くと外国の名作映画を上映している近くの「並木座」に行くところだという。作品名はもう忘れてしまったが、当時はチェックリストには入れてあるマイナーな名作だった。

「インテリはこういうのも、たまには見ておいた方がいいよ。勉強になるからさ」

と茶化された。渥美さんは、寅さんが映画の中でそうするように、大学出の私のことを〝インテリ〟と目を細めて茶化すことがよくあったのだ。そんな一面もあって、私も少しは、気に留めてくれる存在にしていただけたのかなと思ったりもしたものだった。

渥美さんはとても勉強家で、評判となった映画や舞台をよく見ていたと聞く。しかし、寅さんイメージとは、まったく異なったスマートな姿であったので、ほとんど周りから気づかれなかったようだ。午前中の時間帯で観客のまばらな映画館の暗い館内では、傍に座った観客も気がつかなかったのだろう（その並木座は、一九九八年九月に、時代の波にあらがえずに、四十五年の歴史に幕を下ろした）。

こんなこともあった。渥美さんは芸能活動の仕事にプライベートを持ち込まなかった。そのため、渥美さんは自宅住所を教えてくれずに、迎えのハイヤーを手配するときは、家の近

くの場所を指定して、そこに止めて待っていればいいからと必ず言われたのだ。

「時間だけはしっかりと伝えておいてくれれば、それでいいよ」と。

いつも、ちゃんと迎えのハイヤーに乗り、約束の場所に時間通り現れた。


また渥美さんのアイデアで、映画の中で柴又のとらやの店内にあるビールの大型冷蔵庫を、サントリーの名前の入ったリーチインクーラーに変えたらどうですかと薦めてくれた。つまりこれは寅さん映画に対してサントリー宣伝部として、映画の制作協力をするタイアップの一種になったのだ。渥美さんのアイデアで松竹宣伝部に対して映画タイアップが成立したのだ。映画の画面にはたまにしか映らないのだが、数年間の映画シリーズの中で得意先と松竹の新しい関係が成立したといえる。渥美さんの気遣いで叶った松竹宣伝部とのご縁で、寅さん映画そのものにも近づくことが出来たのだ。


ビールの撮影の仕事が終わって少し経った頃だろうか。急に会社に電話がかかってきた。デスクの担当女性が、

「間宮さん、アツギさんという年配の方から電話です」と。

心当たりがないと思った瞬間、渥美さんだと気がついた。慌てて電話に出ると、

「アツギですよ」

と笑いながら、電話の向こうから渥美さんの声が聞こえた。

「電通はいい会社ですか？　悪い会社ですか？」

と、電話でいきなり質問された。

理由を聞くとライバルの電通から大手新聞社の周年記念企画で、ある小説家の役で企業広告に出る相談を受けているというのだ。確かに渥美さんの顔は、丸いロイドめがねを掛け、チョビ髭をつけると、その小説家の顔に見えてくる。電通からの仕事を受けた方がいいか、受けない方がいいかの相談だった。


その頃は、事情があって長年仕えていたマネージャーが不在の時だったので、できたら私が営業担当としてマネージャー代わりで取りまとめをしてほしいと無茶な相談だった。ライバル会社電通の仕事を私が営業担当として受ける。流石にそうはいかない。

「渥美さんは、どんなお考えなのですか」

と聞くと、その企画には興味を持っているとのことだった。できればやりたいと考えていたようだった。ライバル会社の仕事なので、

「営業担当の私は外してもらって、あの生樽の撮影スタッフ全員と組みたい」

と渥美さんが電通の担当者に言えばいいのではとお答えした。つまり演出は高杉さん、カメラは坂田さん、スタイリストは北村さん、ヘアメイクは渡辺さん、ＣＭ制作会社もＣＭラ

ンドと同じでプロデューサーは山浦さんと。結局その仕事はそのメンバーでうまく出来上がったようだった。

「ナメクジのように死にたいね」

それ以来、渥美さんから会社や自宅によく電話がかかってきた。
「アツギですよ」と笑いながら、
「間宮さんは、いまの景気について、どんな意見を持っていますか？　できるもんなら考えを聞かせてもらえませんか」と、いきなりの質問に答えに困ったこともあった。

「その後、坂っちゃんは、元気かい」

で始まるときは、必ず渥美さんに時間の余裕ができた時の合図だった。カメラマンの坂田さんと演出の高杉さん、プロデューサーの山浦さんとで渥美さんのお住まいの近くの坂田さんのお宅で集まろうというアレンジを頼まれたのだ。

なんとか渥美さんの希望の日程に合わせ我々はよく集まった。坂田さんの奥様の手料理を前に渥美さんだけはお酒も飲まずに、ソファーに座ったままで、われわれの話を黙って聞いているだけなのだ。時にはどういうわけか特別ゲストをいきなり同行してやってきたりした。

一九九六年にお亡くなりになるまで、何年そんな会合をしたことだろうか。我々と交わす何気ないコミュニケーションを大事にするという姿は、国民的俳優には想像できない心温かい空気があったのだ。

これも、私にとっては大事な想い出だが、営業部長に昇格した情報を、渥美さんはどこで入手したのか、既に数ヶ月経っていたが昇格お祝いをすると、代官山の小川軒に呼び出された。ご本人は食事をせずに和菓子と温かいお茶で、私には分厚いステーキを注文してくれたのだ。

なぜかその時に渥美さんは三年前に亡くなった私の父親のことを話し始めた。当時藤沢に住んでいた父親を、なにかの打ち合わせの時に大船の松竹撮影所へ案内したことがある。撮影の合間に渥美さんは、楽屋で父と二人だけでなにかを話していたのだ。父親としてはあの渥美清さんと二人だけの時間を持てたことを、後々大事な思い出として周囲に語っていたようだ。

「お父さんが亡くなって三年になりますね。戦争という大変な時代を過ごしたようですが、息子さん思いのいいお父さんでしたね」

と、しんみりと話してくれたことがある。映画の寅さんのようにしみじみした口調だった。物静かで、それでいてその正確な記憶力にはドキッとした。こんな些細な私的な出来事にもきちんとした記憶でもって対応していただける気遣いには、ただ驚くしかなかった。何気なく相手の心をつかむすごさを感じた。職業人を超えたいろいろな教訓を渥美さんから得ることができたのだ。渥美さんは面と向かったコミュニケーションを通じて、相手のことを本当に大事にされる方だった。

一九九六年（平成八年）八月、出張先のフロリダのホテルで、渥美さんの訃報を聞いた。お昼のワイドショーで訃報を知った若手社員が、時差に関係なく国際電話で深夜の現地ホテルに連絡してきたのだ。翌々日には帰国する予定だったので、大船の松竹撮影所で行われたお別れの会にはなんとか間に合った。

寅さんの死を悲しむ一般のファンの方々で、撮影所から大船駅まで一キロ以上の長蛇の列で溢れかえっていた。とりあえず撮影所の入口に着いたら、松竹映画の宣伝部の方が受付に大勢いらした。社名と名前を名乗りご挨拶をしたら、

「お待ちしていました」

と会場の前方に予定された席があり、案内してくれた。周りには山田洋次監督、倍賞千恵子さん、蛾次郎さんが着席していた。どなたの差配なのか、予想外のありがたい配慮だった。私はお参りを済ませ大船駅に向かったが、その後のいきなりの夕立の中、撮影所から並んでいたずぶ濡れの長蛇の列はさらに長くなっていた。

渥美さんは生前よく、

「ナメクジのように死にたいね」と言っていた。

「おい、寅はどこへ行った。なんだ、これ寅の帽子と背広ではないか。誰だ、寅に塩かけた奴は」なんてねと。

「そんな死に方できないものかね」

と細い目を更に細くして微笑んでいた。私達の前からも、塩をかけられたナメクジのようにあっという間に姿を消されてしまったのだ。

私は一人の男として、広告人として、人の心をつかむ気遣いの大事さを渥美清さんから学んだのである。

倍賞千恵子さんは、パリ北駅にいた。

「あのなぁ〜、『駅』はええねぇ〜!」


倍賞千恵子さんがパリ北駅のプラットホームに立った。このエピソードは「駅はええねぇ〜」のひとことから始まった。

サントリー宣伝部の辰馬通夫さんは、何かあると夕方に宣伝部のロビーの片隅にいる私た

ちに声をかけてくれた。あるとき、

「マミさん、ちょっといこか」

と夕食でも行こうと誘ってくれるのだ。

盃を重ねながら、ふとつぶやくことには、最近ある上級ウイスキーの荷の動きが悪いと事業部から言われているとのことだった。何か対策を打たねばならないということなのかとピンと感じていた。

しばらくの会話が続いて、思いついたように、

「あのなぁ〜、駅はええねぇ〜！」と突然つぶやいた。

「どこの駅のことですか」

などと返事するのは広告営業として失格だ。

辰馬さんの映画好きは周囲でも有名だった。私の職場が有楽町だったので、邦画、洋画問わずに昼休みをはさんで話題の映画はなるべく見ることにしていた。辰馬さんほど的確な映画評論はできないが、少なくとも話題についていけるよう努めていた。

その時の会話の流れから、私が即座につぶやいた、

「舟唄ですね」のひとことに、

「そや！」と答えてくれた。

駅と言われたのは高倉健主演の映画『駅／ステーション』の話だった。正月帰省の途中で降り続ける雪のために、連絡船は欠航が続き所在無い英次（高倉健）は、港にある居酒屋に入った。女手一つで切り盛りする桐子（倍賞千恵子）の店だが、暮れの三十一日なのに吹雪のために客もなく暖簾を下げた店のテレビでは八代亜紀の『舟唄』が流れていた。カウンターで静かに聞き惚れる英次と桐子。映画の宣伝ポスターにもなった印象的なシーンだ。

「着物姿の三人はないですね」

が、すぐさまの私の答えだった。

二人の禅問答のような会話の背景はこうなのだ。当時、大原麗子さんがレッドの「すこし愛して、なが〜く愛して」シリーズ（前述）に広告出演していて、文学座の二宮さよ子さんはオールド「妻からの手紙」シリーズに着物姿で国内を旅する奥様役で広告出演していた。ここで三人目の女優さんも着物姿でウイスキーの広告出演はないなと、直感的に思ったのだ。

「倍賞さんには、駅ということならば、パリの北駅あたりではないですか」

この禅問答の結果が、企画提出のきっかけになったのだった。

私はさっそく社内のCMプランナーの宗形英作さんに声をかけて企画提案をお願いした。宗形さんは演出プランを映画監督の斎藤耕一さんにお願いし二人で企画作業に入った。

数日後には辰馬さんに対して、出来上がった字コンテ（字で書いたストーリーだけで絵コンテの前段階の企画）でプレゼンした。即座にこの字コンテで辰馬さんの了解に達して、シナリオハンティングと具体的な演出コンテを完成させるために宗形さんと斎藤監督はパリへ立つことになった。辰馬さんの当時の仕事の進め方は、そんな直観的な判断でスタートしたのだ。

「わたしも、すぐ追いかけますから、すぐにでも飛んでください」

戸惑う宗形さんたちは、その「ひとこと」でその気になり簡単な準備を済ませてパリへ向かった。

字コンテだけの了解で本制作に入り、シナリオハンティングに先発したCMプランナーの宗形さんも監督の斎藤さんも、制作会社のプロデューサーも信じられない冒険のような仕事だったに違いない。営業としては同行して一緒に企画をサポートしなければならなかったのだが、私は同じ時期にカンビールの仕事でロサンゼルスに行かねばならない。

「マミさん、すまないがこの企画は宗形さんたちに任せるので、私はパリには行きません」

えっと驚く私たちであったが、今ではこれが辰馬さんの計算だったと思うのだ。そんな字コンテだけでパリへロケハン行くなんてありえないと戸惑うスタッフに、思い切り実行に踏み切らせる辰馬さんらしい作戦だったのだと思う。

そんなわけで、宗形さん、斎藤監督のふたりの苦労の結果、字コンテをベースにした二本のCM企画がまとまった。その後の諸々の準備を終えて倍賞さんと一緒に、約一週間のパリの撮影で「北駅編」「赤い傘編」の二本のCMを撮ることになった。旅人には見えない女性（倍賞さん）はパリでどんな仕事をしている女性なのだろうか。上質な生活感が溶け込んだ映画のような映像の中で、ウイスキーのある情緒が感じられるCM作品となったのだ。

【北駅編】

パリの北駅が舞台。終着駅に到着する長距離列車を待つ女性（倍賞さん）と、駅の雑踏の中で、遠くの列車からプラットホームに降り立つ男性がシルエットで現れる。足元に置かれた旅行カバンで遠い長旅から帰ったのか、久しぶりの邂逅なのか。大人の男女をパリのアパルトマンの一室でウイスキーグラスが待っている「北駅編」。

倍賞さんのナレーションは、

「人間って不思議です。切ないのに笑ってみたり、嬉しいのに怒ったり。飲みながらでないと気持ちをうまく言えないことがあるんです。飲み始めたら難しい顔、似合いませんよ」

宗形さんのナレーションコピーだ。

【赤い傘編】

雨の降り続けるある日のパリの舗道。赤い傘をさしてたくさんの買い物を抱え家路につく女性（倍賞さん）、ふと電話ボックスの公衆電話で誰かに電話をかけてみるが、相手は出ない。

路地を歩いて家の前まで戻ってきた。足元の石畳を映す画面の上部がなぜか真っ赤（赤い傘なのだ）。赤い色が地面の上からすっとなくなると、その先には先ほどの電話の相手の足元が見える。何気ないパリでの一日。アパルトマンの生活感の中に、ウイスキーのボトルが画面に交錯してゆく「赤い傘編」。

「人間って不思議です。嫌いな人に愛想笑いをしたり、好きな人に冷たくしたり。飲んでいるときは、とても自然に振る舞えるのに。上機嫌がダブルできました」

同じく宗形さんのナレーションコピーだが、

「よく覚えていないないなぁ〜」と最近照れながら言っていた。

寅さん映画ならば、さくら役の倍賞さんは、柴又の駅前でいつ帰るかわからない兄（寅さん）を待つのだろうが、この企画の女優・倍賞千恵子さんは、パリの北駅である男性を待っていたのである。

その後、倍賞さんとはポスター撮影、雑誌撮影のグラフィックの仕事で再度パリへ向かった。このグラフィックロケは少人数だったので、結構気ままなロケになった。本番待ちの日は倍賞さんとマネージャーさんを、現地スタイリストなどとパリの中を案内する役目も任された。このあとも、お中元広告、お歳暮広告の他、京都の旅編も企画させていただき、リザーブの活性化に貢献できたのではないかと思う。

大船撮影所の跡地にできた地元の「鎌倉芸術館」で、寅さん映画の記念トークショーに倍賞さんが出演された時に、楽屋で久しぶりにお会いした。

「おかえりなさい。お元気そうで」

と、茶目っ気たっぷりに笑顔で迎えてくれた。

「おかえりなさい？」一瞬何のことかと思ったが、五年間にわたる韓国の赴任生活が終わり、無事に帰任したことだった。

「私のコンサート、たまにはいらっしゃいな。ちゃんと歌っているんだから」と案内されたことがあり、このところ王子、大宮のコンサート会場を訪ねて、公演の終了後は楽屋に訪問している。

この後もご縁を大事に、倍賞さんとは何かと食事会など、お付き合いを続けさせていただいている。


このCM企画のケースは、現在の広告制作の環境では想像できない特殊なケースに違いない。当時の我々にとっても稀有な制作経験だった。おそらく最初で最後の特異なケースだったと思う。日頃の宣伝部の辰馬さんとの日常的な信頼関係があったからこそ、このような無謀な制作プロセスが成立したのだと思う。今にして思えば、八〇年代の広告業界は、こういうことも起こり得る時代環境だったのかもしれない。

このリザーブ広告は、普段の得意先との何気ない会話から自主プレに繋げ、結果的に仕事という形になった珍しいケースだ。「プレゼン」しないで「プレゼン企画」になった。僕たちの広告時代を象徴するようなひとつの思いがけない出来事だった。

広告業界以外の営業活動においても、取引相手の何げない「ひとこと」を聞き逃さずに、注意深く受け止めれば、普段考えていることにうまくマッチして、新しい仕事が生まれるのではないか。注意深く「聞く耳」を持つことが、いかに大事かという例だと思う。取引相手との会話のキャッチボールが、明日のビジネスにつながるケースだった。

余談だが、当時パリの街角を散策中に、倍賞さんが寄ったある装飾品の店で、

「これからの若者は、これくらいのオシャレはしないと駄目よ」

と、突然、茶目っ気を発揮して、私の左の手首に中細のシルバーのブレスレットをつけてくれた。いきなり左手首にセットされたブレスレットは、なかなか自分では外せない。そのままにして、我が家に着くまで私の左手首から離れなかった。

倍賞さんがプレゼントしてくれたブレスレットを長い間どこにしまったのかわからなかったのだが、偶然にこの項を執筆中に家人の装飾品ケースから出てきた。何年ぶりになるのだろうか、

「これ貴方のじゃないの？　なんでここに入っていたのかしら」

と渡されて、無事に原稿が脱稿できるまでのお守りとして執筆中の私の左手首に今でも納まっている。

椎名誠さんは、ほんとにビール好き。

「グズグズ返事をしなかったので、CM出演はもう逃げられません」

我々の営業チームは文化人やアスリート、作家の方々に出演依頼や原稿依頼する場合に、手紙作戦を用いることが多かった。広告という仕事柄、お酒の文化などを語っていただく企画が多かったためかもしれない。

CMプランナーの藤井達朗さんが大原麗子さんに送った手紙のことは既に、この第二章の中で紹介している。

とにかく作家の椎名誠さんはビールが飯より好きで、原稿を書き終わったら夕方から自宅のサウナで汗をかき、ガハハとビールを飲み干すのが一日の最大の楽しみと方々の雑誌のエッセイで書いていた。椎名さんにビールの広告に出てほしいと、『マスコミ紳士録』で探した住所に熱い手紙を書いたのだ。数日たってご本人から会社に連絡があって、新宿三丁目の事務所でお会いすることになった。我々はそろそろ翌年の春から始めるビール企画の準備に入っていたのだ。

マンションビルの一階にある当時流行りはじめたコーヒーショップで、紙コップのコーヒーを買って上階にある仕事部屋を訪問した。何故、椎名さんにビール広告に出ていただきたいかを一生懸命説明すると、そんなことは考えたことなどないとやんわりと断られたのだ。

諦められずに数週間後に、再び新宿三丁目の仕事場に伺った。

「下の店でコーヒーを買って上がってきてください」

と、催促の言葉が何か好意的で広告出演に前向きな感じを受けたが、残念なことに、やっぱり返事は変わらなかった。


年が明けて椎名さんから会社にいきなり電話がきた。

「私がグズグズ返事をしないでいたら、なんと他のビール三社の広告代理店から同じ話を持ち掛けられてしまいました。もう、こうなったら逃げられないので、最初から声をかけてくれた間宮さんに連絡しました」と。

つまり出演交渉があっけなく成立したことになったのだ。詳しい話をしましょうと宣伝部の辰馬通夫さん、羽場先輩と、魚の旨い店で椎名さんとの打ち合わせの席をもった。話し合いの中で、スタッフは演出にCMランドの高杉治朗さんに決まり、後日グラフィックはアートディレクターの浅葉克己さんに決まった。

高杉さんのＣＭ企画はハワイのようなただ綺麗な海ではなく、あくまでも椎名さんにふさわしい海。それは多分、鄙びた漁村の港のような場所だ。椎名さんはジョッキにビールを注ぎ、沖に向かって堤防でつり竿を出している。背中に涼しげに風が抜けていく。椎名さんの後ろには数匹の釣れた魚が無造作に置かれている。そこへ一匹の猫が現れ、椎名さんの釣った魚をくわえて逃げていく。それに全く気がつかない椎名さん。人は人、猫は猫。それぞれが集中している。椎名さんの、のんびりビールを飲むカットでストップモーション。そんなのどかな海辺の風景の企画が『藤井達朗　広告絵本』（玄光社）の人気ＣＦディレクター絵コンテ大公開の一ページに紹介されている。

郊外のご自宅にスタッフを伴い、企画打ち合わせや、衣装打ち合わせなどをしているうちに、アッという間に撮影日が近づいてきた。

「松田聖子さんのCM撮影は、ここですか」

撮影現場はそんなことで椎名さんにふさわしい徳之島になった。二月中旬にロケ隊一行は羽田空港から鹿児島経由で徳之島に渡った。到着した日は冬の割には生暖かな風が吹いて風が強く、天候がはっきりしない。天気待ちの夜は、天気祭りと称して地元の新鮮な海産物をたらふく食べ、浜鍋で焼酎のビール割りを毎晩楽しんだ。天気祭りの後、ロケバスでホテルへ向かう時に、（……しい～なの夜、しい～なの夜よ～……）と李香蘭の『支那の夜』をもじって大騒ぎしたことが、昨日のように甦ってくる。

撮影初日に太陽待ちでグラフィックを少し撮影、二日も天気待ちで最終日には見事に晴れて鹿浦港でしっかりと撮影ができた。猫も頑張って、魚をくわえて逃げていくシーンをちゃんと演じてくれた。

どこかのビール会社がＣＭ撮影を島の中でやっているらしい、との噂が島中に流れて、平日にもかかわらず地元の高校生たちが、どこで調べたのかホテルにやってきた。サントリービールの社名入りのケースの小道具が山積みされてあるのを発見し、その頃オンエアされていたカンビールのペンギンシリーズの撮影で、松田聖子さんがロケに来ていると勝手に伝わったらしい。そのおかげで、翌日には撮影中の港まで多くの高校生が、授業をサボって聖子さんがいると確信を持って集まってきた。

「松田聖子さんのＣＭ撮影は、ここですか」

と高校生が港の片隅で原稿用紙を広げて執筆中の椎名さんに聞いた。

「あの顔の日焼けした、サングラスのおじさんに聞いてみたら」

と撮影待機中の椎名さんが、私を指さしたりした。

カンビールのＣＭソングを歌っている松田聖子さんが、撮影現場に現れるはずがないのだが、笑い話にもならない騒ぎだった。そんな逸話を残して、椎名誠さんのＣＭ初出演の仕事は無事に終了したのだ。

徳之島最後の夜はロケ見物に現れた町会議員の家にスタッフ一同ご招待を受けて、珍しいヤギ鍋をご馳走された。接待を受けたお宅ではなんとキリンビールが、テーブルにたくさん並んでいた。そこで、ご近所から集まってきた友達のお客さんに、椎名さんを囲んでのスナップ写真は撮らないようにお願いしたのだ。なので最後に、みなさんと椎名さんを囲んだ集合写真だけを撮らせていただいた。もちろんキリンビールはラベルを裏に向けておいた。ご馳走になりながら無理な注文を出して申し訳なかったのだが、なにかの拍子に椎名さんが、競合会社のビールを囲んで宴会を楽しんでいる写真が流出しても何かと面倒なのだ。これも担当営業の気配りのひとつなので勘弁してもらった。

余談だが家との連絡の中で徳之島在住の一説には世界最長寿百十三歳（当時）の泉重千代さんが亡くなったことを知った。天気待ちの日だったのでお通夜に行こうと、浅葉克己さんが音頭を取ったが、ロケ隊の服装は葬式に参列できる代物ではなく断念した思い出がある。

この徳之島での撮影のあと椎名さんが主宰する「怪しい探検隊」に、数名のスタッフ仲間が加わって活動をともにした。私もその会に誘われたが、流石に平日に何日もプライベートで焚き火をしながら、車座でビールを飲む旅をする余裕もなく、参加を断念した。私の後輩のビール担当の川上裕さんは、椎名さんの「怪しい探検隊」に加わり、椎名さんのエッセイに本人の名前や顔写真も出るほど活躍した。椎名さんと良好な信頼関係を続けるとしても、仕事以外の活動が仕事に繋がり、そういう意味でも良き時代であった。

椎名さんは、最近ある雑誌のビール対談で、

「ぼくは昔、ビールのコマーシャルをやっていたんだけど、ビールのコマーシャルは夏に向けて制作するから撮影は二月ぐらいなんですよ。さむいときにティーシャツ一枚で午前中から撮影が始まるわけ。それでビールを何杯もうまそうに飲まないと駄目なの」

「リハーサルの時はいちいち飲まなくてもいいですよと言われても、もったいないじゃない。撮影が終わると、ぼくだけ一人酔っちゃって、打ち上げの時には最初から酔っている。大好きなビールなのに、つらいなぁと思ったことがありましたよ」と笑いながら話していた。

こうして手紙作戦から始まった、椎名誠さんとのフェイス・トゥ・フェイスが生んだ情報の副産物で得られたＣＭ初出演。結果的には競合ビールの三社に先手を打つことになった。何回も面と向かった関係をつくってあると、何かのきっかけで急にいい方向へ進むときには、まず、最初から出会った人間の顔が浮かんでくるものだ。デジタル環境のコミュニケーションでは考えにくい、手紙作戦から始まった貴重な面と面とで向かい合った会話力が、良い結果になった。

リチャード・ギアさんが、ピアノを弾くよと言った。

「本当にリチャード・ギアが出るの。今日は大事な企画コンペですよ」

青山音楽事務所の青山ヨシオさんとは、洋酒メーカー担当時代から、たまに得意先を通じて情報交換するだけの関係だった。あるとき、その青山さんから早朝に、自宅へ電話があった。リチャード・ギアの事務所から「日本の広告に出てもよい。ミスター・アオヤマのネットワークで可能性はあるか」というファックスが入ったとのことだった。

この情報に直感的に私は、

「その情報を四、五日だけ、誰にも言わずに私に預けてください。ギアさんに日本の航空会社は出演可能な得意先かどうかだけ確認してほしい」とお願いした。

青山さんは間を置かずに「大丈夫だ」という返事を現地からもらった。

私たちの営業チームは得意先の競合プレを四、五日後に控えていて、強烈な案が出なくて困っていたところだった。早速社内のクリエーティブディレクターにそのことを伝えた。

当時、得意先はワシントンへの新路線を計画中だった。通常、海外路線は先陣を切る得意先が、ワシントンだけはライバルの航空会社が既に路線を先に確保していた。つまり、路線計画が二番手で初めての挑戦者になるという理由で、得意先も背水の陣で臨むために、今回のプレゼンは四社競合になっていた。

我々がプレゼンテーションで発表した企画案はリチャード・ギア扮する青年実業家がオフィスのデスクでチケットを片手でかざして「Fly To Washington（ワシントンへ飛んでいく）」とひとこと。数ヶ月前に映画『プリティー・ウーマン』が公開されていて若い人中心に評判を得ていた。私もその映画は観ていて、CM企画はその映画から飛びだしたようなワンシーンだった。

「間宮さん、本当にリチャード・ギアが出るの？　今日は大事な企画コンペですよ」

競合プレゼンの席上で宣伝部長の羽根田勝夫さんが、厳しく質問した。

その頃羽根田さんは、ある自社プロジェクトの準備のためにニューヨークへの出張で、毎週のように自社機で往復していた。その機内で上映する映画が毎回『プリティー・ウーマン』だった。しっかり俳優の名前も顔も覚えていて、好意的なイメージを感じていたのだ。

「もちろん、出演ＯＫです」

私の返事に、我々のその企画は、その日のうちに採用された。

それからただちに、本人の撮影可能時期や出演条件を青山音楽事務所経由で交渉を始めて、企画内容についてはすぐにでも直接、本人に説明することになった。

数日後、私は交渉役の青山ヨシオさんと一緒に機上の人となり、ロサンゼルスに到着する

や、リチャード・ギアさんが待つ事務所で企画コンテを説明した。一通り私の説明が済むと、

「ミスターマミヤ。これは映画の話での設定で、私ではない。この企画ではダメだ」

ギアさんにきっぱりと言われた。いつか渥美清さんに寅さんの企画を持っていって、同じように断られたことを思い出した。取り返しのつかないピンチだ。四社コンペに勝利した私は、間違ってもそのまま、すごすごと日本に帰国はできない。

「ギアさん。なんとかなりませんか。絶対に出演できる企画を一緒に考えてください」

と、私は懇願した。しばらくの沈黙が続き、

「こんなキチッとしたビジネススーツでは飛行機に乗らない」

ギアさんは、困ったようにつぶやいた。

「東京経由でアジアに行く時は、確かにＪＡＬに乗っていくが、Ｔシャツにジャケットとジーンズなど身軽な服装で自宅から車を運転して、空港でチケットを見せ、チェックインして自分の席に着くだけだ。何処へ行くのも同じなんだ」

「それでは、あたりまえすぎて企画にならない」

と、困り果てた私に、じっと考えた末にギアさんは、

「ミスターマミヤ。それじゃあピアノを弾いてもいいよ。ＢＧＭ（バックグラウンド・ミュージック）でなんか弾くよ」と、ポツリとつぶやいた。

そうして決まった企画案は、（……タッタラララララッタ〜……）。スタンダードジャズの

『モーニン』。元歌手の青山さんのアドバイスもあって、ギアさんが弾く曲が決まった。小刻みなリズムでピアノの響きが心地よい。

ロサンゼルスの高級住宅街の中、車を運転するギア。空港でチェックインするギア。行き先のワシントンの風景にギアがピアノを弾くカットがコラージュされ、ラストではシートに深々と座るギアのアップという企画になった。そしてその場で、

「I FLY JAL（ジャルで飛ぶ）」

というダイレクトなコメントを必ず言うと約束をしてくれた。大スターの言葉にへこたれず、祈るような気持ちが勝った、面と向き合った交渉力の結果だった。

「東京には、土産はせんべいしかないのか」

ギアさんと話し合った内容を、私はすぐさまイメージの絵と企画内容を文章に書いて、東京の制作チームにファックスで送った。

帰国した翌日にはファックスの内容が綺麗な絵コンテになっていた。

ギアさんとのやり取りの詳しい説明を宣伝部長にする前に、提案した企画ですんなり了解が取れなかったと丁寧にお詫びをしたうえで、新しいCM企画の緊急プレゼンを行った。

「これなら一〇〇％実現できます」

と約束し、その企画をなんとか羽根田部長に認めていただいた。

成田とロサンゼルスの往復でマシなお土産を買う時間もなく、先日、成田空港で買った同じ高級せんべいを、お土産として再びギアさんに持参した。

「東京には、土産はせんべいしかないのか」

ギアさんに冗談っぽく笑われた。

CM、グラフィックの撮影日とナレーション録音で一回目の三日間をいただいたが、私はその間弁護士同士の契約書作成に忙殺され、最後には日米の時差との競争になり、即座に現場判断が出来るように、本社法務室の担当者にロサンゼルスへ出張してもらった。

「リチャード・ギアがスタジオに行かない理由に、家族に病人が出た時」と弁護士。

「リチャード・ギアさんは独身なので家族を両親とか特定してほしい。病気も本人が撮影に参加できないほどの重大な病気と特定してください」と私たちは返した。

それでも弁護士たちはゲーム感覚であぁ言えばこう言うと、結局は分厚い契約書が撮影日寸前になって出来上がった。契約書が完成してから本社は契約金を送金する規定なのだが、撮影日前日までに契約金の半額を支払わなければならない。週末の送金手続きでは撮影日には送金が間に合わない。現地の制作プロダクションが私個人に多額の金額を貸し付ける形で、撮影日のギリギリ前日になってギアさん側に約束通り支払いを済ませた。

事務所で会ったギアさんに、

「私の首を見てください。頭と体が離れてます」

と、ようよう冗談を言える余裕ができていた。
私は撮影所の近くにいながら撮影現場へは足を運べずに、後輩営業部員と制作スタッフに現場は任せっぱなしになり、ギアさんとの記念のツーショット写真も撮れなかった。

二作目の夏のカリブキャンペーンでは、カリブの魅力的な光景とコラージュして、ギアさんはお得意のギターを弾きながら、ボブマーリーのレゲエで有名な『ノー・ウーマン　ノー・クライ』を熱い気持ちで歌い込んでくれた。カリブの風景とギアさんの歌とギター演奏のコラージュ映像で、気持ちの良いストーリーが出来た。これもいい仕がりの作品になり、CM、雑誌、ポスターなど、たくさんの作品が世に紹介された。
名前のギアと機械・装置のギア。ワシントン編「サクセス・ギア」というダブルミーニングのキャッチコピーや、カリブ編「パラダイス伝説」のキャッチコピーは社内の若いコピーライターの黒澤晃さんが書いた。その黒澤さんとは今でもつづく長いお付き合いになっている。

国際的なソプラノ歌手のサラ・ブライトマンを日本に招聘し、サッカーのペレやマラドーナを日本の企業CMに結びつけるなど活躍されている青山さんは、彼にとってもビジネス上で大事な情報を、それまで数回の何気ない私との会話をヒントに、最初に私に対して、それも早朝に自宅の電話に情報提供してくれた。その彼は私が航空会社を担当しているという唯一の情報だけで、一番実現の可能性が高いと自信を持って私に連絡してきたのだろう。ちょうど、私が競合プレゼンを控えていたという絶好のタイミングも加わり、彼の持ち前の勘の良さには敬服したい気持ちでいっぱいだった。これは想定外の好運に支えられた典型的な例かもしれない。

前年の八月に始まった湾岸戦争で、航空機による海外出張がほとんどの企業で禁止されている中、私たちは日米間のフライトで、よく行ったり来たり出来たと思う。

そのリチャード・ギアさんが、テレビＣＭで寅さんの格好で『男はつらいよ』の映画音楽でサントリーのＣＭに出演していたのも、なにかの不思議な縁を感じるエピソードだった。

第三章　仕事の意味を考えるヒントになったあの言葉。

創業者の稲垣正夫さんの気持ちは温かかった。

「面白いやつが現れたな」

私は小さな頃から野球少年だった。ポジションはファースト、サード、ピッチャーなどいろいろなポジションを経験した。小学校四年から中学校を経て、特に高校時代は、杉並区にある都立の有名進学校だったので、かなりの時間、学業には励まなければならなかった。

学業以外の時間は本当に野球中心の生活だった。二十名弱の硬式野球部の中で運よく一年生からポジションの空いていたサードでレギュラー選手になれたのだ。高校三年の夏の大会まで、それなりに甲子園を目指し、汗みどろになってグラウンドで吠えていた。キャプテンとしても部員をリードするために真っ黒になってチームを引っ張っていたので、当然大学進学の準備は遅れた。そして当然の浪人生活、それも人より多めの二浪なのだ。

とにかく私立大学に入学したものの、全国から精鋭が集まっている伝統的な野球部では、神宮球場で行われるリーグ戦でのレギュラー出場は、とても無理と判断し、課外活動の進路を大幅に変更し、文科系の「放送研究会」へ入会した。大きく舵を切り替えて目指すはシナリオライターだ。浪人時代にも気晴らしで短編小説などを書いていたが、何か新しいものを創りたいというのが転向の大きな理由だった。

大学に入学してすぐの夏休みに課題制作で挑戦したラジオドラマ『浜辺に残されて』が、「面白いやつが現れたな」と高橋陽山先輩の目に留まり、その年の東京都大学放送連盟主催のラジオドラマコンクールの参加作品『22歳のバラード』(山下俊介・脚本・演出)の演出助手に付くことができた。

大学三年生の秋、同じく大学放送連盟主催のラジオドラマコンクールに、放送研究会を代表して『太鼓よ響け』という自身の脚本・演出による四十分ドラマを制作し参加した。青年の社会への関わり方を、島の祭りという形を通じて問題提起したドラマなのだ。その作品がコンクールに入賞し、東京地区から全国学生放送連盟のドラマコンクールへ進出し、まさに野球で果たせなかった甲子園進出の気持ちが叶ったのだった。

一方、学部の商学部では三年から片岡一郎教授のマーケティングゼミで、日本におけるマーケティングの実務研究の出発点であるジョン・ハワード教授の『マーケティング・マネジメント』や、フィリップ・コトラー教授の『マネジリアル・マーケティング』を原書で学んでいた。少数精鋭のゼミで当時の片岡先生は、ハーバード・ビジネス・スクールの留学から帰られてわずか数年、若くてとても厳しい授業だった。うっかり予習をサボってゼミに臨むと、大変なことになった。原書の翻訳を四週連続で当てられるペナルティーを受けたことがあったほどだ。卒論のテーマは当時では新しい視点だったと思うが、『日本の風土におけるマーケティングのあり方』だった。かろうじて二年間、無事に履修できてなんとか卒業に漕ぎつけられた。

就職活動に当たっては、当初は自作のラジオドラマが全国大会に参加作品としてエントリーできたこともあり、マスコミを目標においてテレビディレクターとか、シナリオライターを検討してみた。しかし最終的に私の考えついたのが、「縦軸にマーケティング、横軸にクリエーティビティ、そして四十五度の斜めのベクトルの先に新しい広告業界がある」という単純な結論に至ったのだ。つまり、「形のないものから創りだすのが面白そう」の原点になった。なぜかそう思ったのだ。

当時は今ほど広告業界についての情報のない中、自由応募という誰もが受験可能な電通という会社があるという程度で受験した。試験場は三田の母校の大教室が会場だったので、いつもの期末試験のようで、なぜか気楽な気分で受験できた。百五十人募集という枠に三千人を超える自由応募の中、かなり上位の成績で最後の二百人までに残った。しかし、推薦者である企業の経営上の事情が影響したのだろうか、あえなく最終の面接試験で残りの五十人の落選枠に入ってしまった。世の中は、もう秋風が吹き始める頃になっていた。

そんな私は広告業界十位（当時）の旭通信社の試験があることを知って思い切って受験し

た。旭通信社の稲垣正夫社長（当時）の考えで、新聞社、出版社、テレビ局、ラジオ局、広告会社の試験の結論が出て、力がありながら入社の縁がなかった精鋭を迎えて、秋半ばのタイミングで入社試験を行っていた。自分で言うのもおこがましいのだが、幸い私もその中の十数名の新入社員の仲間に入れていただけたのだ。

「君は三菱自販の担当です」

東名高速道路が全面開通した頃、一九六九年（昭和四四年）四月一日。私の広告会社一年目が始まる入社式の朝のことだ。新橋駅から銀座通りに向かう角のビルに旭通信社はあった。

この日が正式な稲垣社長との初めての出会いだった。

とにかく私は入社式でのたどたどしい新入社員代表の挨拶を無事に終えて、第一営業部の会議に案内された。第一営業部は、一番重要な得意先である「三菱自販（当時）」の担当チームなのだ。その日のうちに一番重要な得意先の営業担当になったのだ。

三菱自販は大学で通っていたＪＲの田町駅の前を走る国道一号線沿いの徳栄ビルにあった。当時の三菱自販は、三菱重工から分離して販売に重点を置く組織になっていて、意欲的に新しい車をどんどんと市場に発表していた。

主要得意先である三菱自販の仕事については、当然のことだが稲垣社長の厳しい目が光っていた。やさしいトーンであるが現場的なアドバイスが、頭の上から私たちに毎日のように降り掛かってきた。

稲垣社長はあえて自分の社長室に入らず、我々営業部の前の大きな机で私たちの目の前に座り、我々の行動を目の当たりにしていたのだ。新人の私は社長の目の前に座らされて、社長とは半径五メートル以内の範囲で、いやでも社長の視野の中にあった。

それなので事あるごとに稲垣社長とは直接会話を交わすことも多かったが「間宮さん」と必ず新人の私に対しても、「さん」づけで声をかけてくれるのだった。

その頃の三菱チームは営業デスクを含めて約一〇人強の所帯で、大きな売り上げをあげていた。後に社長になる多氣田力《たけだつとむ》さんも先輩のひとりで直接机を並べていて、身近なアドバイスをいただいていた。

そんなわけで私の広告人生活の出発点としての日常業務が始まった。とにかく稲垣社長の目の光る中、仕事の導入ステージは毎日優秀な先輩と、いつも一緒で、一心不乱にまっすぐ仕事に突き進んでいた。

「君は、最近言うことや、なすことが五十嵐にそっくりになったな」

旭通信社での新人時代の数年間にわたる「筏下《いかだ》り」と言う貴重な経験が、私の広告業界での方向性を確固たるものにした。「筏下り」。この時の「到達（ゴール）目標」とは激流を棹一本で脇目も振らずに岩場の急流の中、筏をひっくり返さずに操ることを意味する。つまり目先の目標物しか目に入らない時期に、懸命にそのためだけのスキルを磨くことになる。目の前の目標に向かって進むという、一番簡単で重要な「ゴール目標」の達成なのだ。この時期に真正面から取り組むタイプと、上手く逃げ通すタイプでは、将来の広告業界で天と地の開きができるのだ。

それを逃げずに愚直に実践していると、次第に流れは緩やかになり、周りの景色が自然と目に入るようになる。自然に桜の花が咲いていているとかいうことに、気がついてくる。いつひっくり返るかという心配をしながら注意深く竿を差していると、最後は大海原へ向かう大河のゆったりした流れに乗ることができる。全ては最初の動作が一番大事なのだ。

この頃の導入ステージで忘れてはならない、もうひとつの大事な行動は、これと見定めた先輩の行動を真似する事だ。ある意味で、これが一番の成長の早道になった。

あるとき二年先輩の五十嵐恭一さんが出張で不在が続いた。そんなある日、宣伝部からの難問を私一人で抱えて、社内のスタッフに解決を求めて行った私の態度について、「最近、君は言うことや、なすことが五十嵐にそっくりになってきたな。仕方ない。わかったよ、心配するな」

と言われて先輩スタッフが、即座に難問を片付けてくれたことがあった。

その頃は、ほとんど朝から深夜まで先輩の五十嵐さんの後ろを追いかけていた。入社後二年もしない頃に、その五十嵐さんのスタッフに対しての説得スタイルがそっくりだと言われたのだ。この時が私はこの業界で、自信持ってなんとかやっていけると、確信した一瞬だった。

五十嵐さんの周りのスタッフに対する説得方法は、ロジカルな直球型と思うのだが、一瞬笑いながら得意先の口調を真似て依頼内容を伝えるのだ。その時の身振り手振りが、物まねの語りとマッチして社内のスタッフもその説得内容に、苦笑しながらでも受け入れてしまう。そんな説得方法を、私もどこかで真似できるようになっていたのかもしれない。それが「仕方ない。わかった心配するな」につながった。

その五十嵐さんは広告会社を十七年で去り、新しい事業を始めて、今では手広くその事業を拡大して、平河町の一角にオフィスを構えている。今でも、たまに声をかけてくれて、一献の時を過ごすことがある。お互い現役生活の中、ビジネス環境の大きな変化を乗り越え、昔と変わらない新人以来の先輩後輩の関係が続いている。

いつも何か新しい情報交換ができるのが楽しい。

ところが新人時代の私の毎日はたくさんの失敗を重ねる日々だった。詳しくはこの場での言及は避けるが、本当に単純なミスが多かった。

どんな仕事でも誰でもが仕事の導入期には、いろいろな過ちを起こすものだ。失敗は誰でも起こすものだ。しかし「失敗は成功の母」とよく言われるが、ビジネスの世界では、同じ失敗は二度と起こしてはならない。とても大事なことだ。

人は失敗を通じて、大きくなると言われる。失敗を恐れずに、堂々と前を向いて走ることが大切である。失敗というピンチは、いつか必ず解決策を連れてくるものだと聞いた。

その後、営業の経験を重ねるうちに私も少しは成長し、広告プロデューサーとして広告業務に対する体験を重ねて、一歩も二歩も、成長したのではないか。周りの先輩たちも、そんな私自身の成長を認め始めてくれたようだった。

「このパリロケが終わったら、作家になりたいので会社を辞めたい」

私が大きく成長するきっかけになったのは、直属の小椋先輩の「ひとこと」だった。

旭通信社に入社して三年目に、担当する三菱自販から新しいクーペタイプの軽自動車、スキッパーが新発売されることになり数社の競合プレになった。

プレゼン実施日も迫ってきた頃、プロジェクトリーダーの小椋先輩が青山の酒場でいい情報を聞いてきた。

米国系の航空会社、パンアメリカンのジャンボ機の機影をＣＭで三秒間、新聞の全十五段を三回露出したら、十五名のスタッフのパリまでの往復チケットを無料でもらえるという情報を聞きつけてきたのだ。その情報を元に、最後の最後に新しい企画が追加された。

その企画とは、ＣＭの絵コンテ（ストーリー）の流れにそって説明すると、パリの空港にジャンボ機が着陸しパイロットがタラップから降り立つと、その下でガールフレンドがオシャレなクーペタイプの軽自動車スキッパーで、彼を迎えるというストーリーなのだ。そして空港を飛び出した二人はパリ中をクーペでドライブする。ありえない漫画のようなシチュエーションだったが、見事にそのプレゼン企画は勝利した。

その小椋先輩は稲垣社長に、

「このパリロケが終わったら、自分は作家になりたい。独立したいので会社を辞めたい」

と申し出た。得意先の宣伝部にとって初めての海外ロケで、旭通信社にとっても、もちろん大事な仕事になる。すぐにも辞めるような人に、稲垣社長はこのような大事な仕事は任せられないと瞬時に考えたのだろう。

「そのようないきなりの乱暴な話はありえない」

と慰留するはずの稲垣社長は、

「その仕事は誰とやっていますか」と聞いた。

「担当者は若い間宮しかいません」

と答える小椋先輩に、なぜか稲垣社長はアシスタントの私を小椋先輩の代わりにパリロケのプロデューサーに指名したのだ。

業界経験がたった三年前後の若手営業が、得意先にとっても初めての海外ロケの担当プロデューサーになる。あれやこれや社内では大変な異論も出たそうだが、結局は熊本で新聞広告用のロケをしていた私が東京に呼び戻されてその大任についたのだ。いきなり大変な重責を負うことになり、まるで「刀を持たずに戦場に飛び出す」という言葉通りの気持ちだった。

なぜ稲垣社長が、反対の声が多い中、大事なパリロケの仕事の営業プロデューサーに私を指名したのか、当時の私は全く気がつかなかった。

当時の社内報「あさひ」に寄稿した文を引用してみる。

スキッパーとは、軽のスペシャリティーカーで、前年にフルモデルチェンジした軽セダンの「ミニカ」をベースに、スペシャリティーカー「コルトギャランGTO」のミニチュア版的なボディーがファーストバックの軽のクーペなのだ。洒落た大人の雰囲気をわかりかけた若者たちを対象に繰り広げられたこのキャンペーンは、多少ターゲット年齢を高めて一層のイメージアップを狙った海外ロケ。キャッチフレーズは、こんなに小さな軽でも今までにはないカッコ良いクーペ。

「こしゃくにも、クーペです。」こしゃくにもという六文字のコピーにその気持ちが十分に込められている。

新しい軽自動車の洒落たイメージとパリという洒落たイメージの街を重複させたところにパリロケの原点はあった。軽自動車の他社との競合関係からも外国ロケの必然性は得意先側にもあったようだ。

撮影の内容はCM二本、新聞十五カット、雑誌、カタログ、ポスターなど宣材物一切の制作だ。出発までは時間がない。やるべきことが山ほどある。現地との連絡はどうするの？　全体スケジュールはできたの？　制作予算はまとまった？　車の渡航手続は誰がするの？　国際登録申請書って何？　通訳は何処に頼むの？　国際免許証は必要だよね？　英文の名刺を作らなきゃ？　フランス語の名刺ではなくていいの！　何、パスポートが無いって！　保険会社に連絡しなくてはと、とにかく関連部門の先輩の方々のサポートでなんとかパリロケは出発にこぎつけた。（後略）。

約一ヶ月のパリでの珍道中が始まった。私にとって初めての海外経験だ。当然パスポートも初めて作った。

一九七一年（昭和四六年）九月四日、先発隊の私たちは羽田発のパンアメリカン機でパリへ発った。まだ一ドルが三百六十円の頃だった。一人の外貨持ち出しが百万円までの時代だ。八人分のパスポートを集めて、経理担当者がその金額を東京銀行パリ支店に私名義で送金してくれた。

今ではもうない南回りの三十時間近く掛かる長い飛行コースだった。香港、バンコク、デリー、イスタンブール、テヘラン、ローマ、パリと約三時間ごとに着陸し、トランジットパッセンジャーとして空港内で次の離陸まで待機するのだ。当然、機内食はその都度サービスされる。若い私は七回の機内食全てを平らげたことを覚えている。

撮影スタッフ全員がパリに集まる前に、得意先宣伝課長、クリエーティブディレクター、アートディレクターと私の四人の先発隊が、パリ市内でさっそく諸々の準備をこなさないといけない。まずモデル選び。スキッパーでパリ郊外をドライブする主人公のパイロット役と、そのガールフレンド。セダンタイプのミニカに乗るフランス人の旦那と日本人の奥さんの夫婦役。短い時間で四人の男女のオーディションを終えた。

東京銀行では、私はパリ在住者ではないので預金扱いはできない。本来は一気に全額下ろさなければならないのだが、交渉の結果、特例として少しずつ三回に分けて下ろさせてもらった逸話もある。

数日後に残りの十名近いスタッフを迎えて、撮影車三台も船便で無事通関しすべてが整った。オルリー空港で行う、ジャンボ機のわずかな着陸時間で撮影する日が刻々と迫ってきた。

その大事な日は朝から晴れていた。ジャンボ機が着陸して離陸までのわずか四時間の中で搭乗客が乗り降りし、てきぱきと荷物の積み下ろしをする。燃料注入の短い時間に、タラップからパイロットが降り立つと、そのジャンボ機の下ではガールフレンドがオシャレなクーペタイプの軽自動車スキッパーで彼を迎えるという段取りだ。スチール撮影とCM撮影を順次別々に行うのだ。その段取りを前日までに空港関係者ときちんと決めてある。あっという間に四時間が過ぎて、パンアメリカンのジャンボ機は何事もなかったように離陸していく。この空港での撮影で生まれて初めて味わった、神経性の胃痛もいい体験になった。

その後、CFスタッフの数名は帰国し、スチール班だけが残ってモンマルトルの丘の上で、パリ市内の街角で、セーヌ川のほとりで、郊外の古城の町で、一ヶ月に近い撮影が続いた。

なぜ、こんな激しい突然のチャンスに稲垣社長は、若い私を指名したのか。

このいきなりの国をまたいだ海外ロケという特別な体験を、大学時代の第二外国語の必修選択科目が、フランス語だったとはいえ、どうして大過なく乗り切ることが出来たのか。スタッフ全員の協力なしでは達成できないはずだった。何かに守られたような毎日は、今でも不思議な仕事だった。

「君は『我執』から離れなさい」

約一ヶ月のパリロケで制作した全ての広告の出稿のための媒体計画は、全て旭通信社で実施したい。私の学んだアメリカのマーケティングはフルサービス業務だ。つまり広告制作に関わる全ての仕事から媒体扱いの業務まで、商品の全ての業務を担当する完全AE（アカウントエグゼクティブ）制が基本だった。

自分の関わったスキッパーのテレビ、新聞、雑誌、ラジオのマス広告は旭通信社で全面的に取り扱いたいところだ。しかし実態はテレビスポットとラジオの電波メディアは第一企画（当時）がその媒体扱いを担当した。その代わりに第一企画が担当した新型乗用車ギャランの新聞扱いと雑誌扱いは旭通信社が担当する。

自分たちが関わらない車種について企画書を作成して新聞社、雑誌社に企画提案をしなければならない。つまりその仕事の進め方は「育ての親」ということになる。出来ることなら「生みの親」として最初から最後まで、担当車種スキッパーの全ての媒体扱いを含めて全面的に旭通信社で展開したいと思う。そんなことを長いあいだ考えていたが、何も変わらない毎日だった。

そんな中、私はとある外資系代理店から日本に上陸する低価格ウォッチ「タイメックス」のAEという営業担当として転職を誘われていた。今でいうヘッドハンティングだったのだ。

外資系代理店だから、もちろん広告企画から媒体扱いまでのフルサービス業務だ。私の求めていたフルサービス業務が突如目の前に現れたのだ。

私は熟考の末、稲垣社長に対して直訴に近いお願いをした。自分たちが取り扱う「生みの親」の軽自動車スキッパーのテレビ媒体扱いとラジオ媒体扱いを、全て旭通信社で担当する代わりに、第一企画が取り扱う「育ての親」の新型乗用車ギャランの新聞扱いと雑誌扱いは、第一企画が担当する。つまり等価交換的なビジネスの提案で、言ってみれば「スキッパー」のフルサービスの完全ＡＥ制の業務をやりたいという提案だった。

現在の広告業界では当たり前の商習慣になっているこの申し入れについて、稲垣社長は何回かに分けて十数時間の議論のために私を社長室へ呼んだのだ。

ある時は夕方から始まり、湘南電車がなくなる前まで、時には早朝の七時から始業時間まで。当然、私はＪＲ藤沢駅で始発に近い時間に乗車するわけだ。

何度も私が、フルサービス業務実現のお願いをするたびに稲垣社長は、耳を傾けてはやさしく答えるのだった。その会話の中で、

「君は『我執』に囚われ過ぎている。つまり、自分自身の考えに囚われて、それから離れられないのだ。とにかく我執から離れなさい」

「我執？」

その時、私は我執という言葉を初めて知ったのだ。つまり我を通すこと。またはその気持ちをいうと辞書にあった。また、仏教上のさらに深い意味は、自身の存在の中に実体的な我があると考え執着すること。一般には自分の意見に固執することと知ったのだ。

「将来的には、必ずそのようなビジネスの時代になります」

そういう私の考えは、旭通信社の中ではまだ、時期尚早だと、稲垣社長は明快に説明したのだった。

「必ず、近いうちに君の希望は叶えて、そういう環境を整えるから、しばらく我慢しなさい」

と言いながら、当時営業開発中の外資系のドーナツ会社が最終的にわが社の得意先になったら、優先的にその担当の責任者にしてもいいとまでいってくれた。

私の考えに対して、稲垣社長の温かい気持ちを、残念ながら当時、私は全く汲み取れなかった。

「フルサービスの仕事が不可能ならば最終的に会社を辞めたい」

という私を思いとどまらせるように稲垣社長は、おそらく私の広告人としての将来を考えてまで、丁寧に引き止めるために何回にも分けて説得を続けてくれたのだった。

私はアメリカの広告業界で有名なディヴィッド・オグルヴィ社長やマリオン・ハーパー社長など、書物でしか知らない有名広告人を思いうかべていた。アメリカでは広告会社の社長

が自らプレゼンを行うという話を読んでいたので、数回目の、結果的には最後の打ち合わせの朝の会議室で、

「社長は広告を愛していますか」

と、私の思いつめた質問に、

「間宮さん、広告はビジネスです」

稲垣社長は、きっぱりと私に答えてくれたことを昨日のように覚えている。

あとで考えたら当然の答えであったのだが、営業経験がわずか四年にも満たない若い一営業マンが、随分なまいきで浅はかな問答をしてしまったものだと思う。


結局は約四年の間、パリロケという貴重な経験をさせていただき、先輩方からたくさんの知恵を教えていただき、毎晩のように公私にわたりお世話になった先輩のいる会社を去ることになったのだ。

ただ若さの結果という理由だけを考えてみても、長い時間を掛けて引き止めてくれた稲垣社長には、今でも大変申し訳ないことをしたと思っている。私は、いま思えば稲垣社長の言う我執に囚われていたのだ。

しかし、たった四年間の旭通信社での営業としての経験が、この後の八〇年代の「僕たちの広告時代」におおいに役に立って、素晴らしい体験を得ることになる。

私は、まだそのことに気がつかない。ひたすら前に向かって走っていたのだ。

「三十キロを超えたら壁がきます。百歩歩いて、また百歩走りなさい」

稲垣社長は、外資系広告会社に転職した私に、

「海外留学はそろそろ終わりにしたらどうですか。いつでも旭通信社に戻ってきてもいいですよ。待っていますから」

と、当時の私の担当部長を通じて何回も声をかけてくれた。いまでしか言えない、この秘密の会話の重たさはいつまでも忘れることができない。

ところが米国系広告会社、約四十名の会社へ移ると、詳しい状況の説明は避けるが、いきなり理想と現実のギャップに驚き、悩み始めた。毎日やるべきことはすべて行い、考え抜いた末にこの外資系広告会社を辞めることを考えはじめた。私は「タイメックス」の日本市場への上陸キャンペーンを一通り終えた頃に、再び転職を考えることになった。

誘われた時のキレイ事だけでは、現実的には仕事は進まないと知ったからだ。若さの結果だった。まだ外資系広告会社に移ってわずか十ヶ月しか経っていない。しかし博報堂が途中入社の人材を求めているという幸運な条件が重なり、結果的に定年までお世話になる博報堂へ転職することになった。

旭通信社を去り、一年にも満たない外資系代理店を去り、博報堂に移った私がマスコミ業界のパーティー会場で、遠くで見掛けた稲垣社長に駆けよりご挨拶しようとすると、

「(大勢いる中で)、どなたがこちらを見ているかもしれません。あなたの活躍は全ての情報が来て、ちゃんとわかっていますよ。安心して頑張りなさい。さっ、早く私から離れなさい」

と、陰ながら業界的な影響を配慮されたうえで励ましの言葉を掛けてくれた。

一九九二年(平成四年)、私がハワイの第二十回ホノルルマラソンに参加した時は、当時会長になっていた稲垣さんもハワイ州から、長年のマラソンのイベント協力で表彰されるために現地にいらした。稲垣会長とはホノルルで何回もお会いし、食事やお話ができた。

ある晩、フルマラソンの経験者としてホノルル現地での走りかたについて、アドバイスを私に教えてくれたのだ。

「三十キロを超えた頃に壁がきます。走るのが辛くなったら絶対に立ち止まらないで、百歩歩いて、また百歩走る。それを何回も繰り返していると、走るのが辛くなくなります。絶対に立ち止まってはいけません」

この言葉通り三十キロを超えた頃から、私にとって初めて走る距離になり足が重くなって、うまく走れなくなった。教えられた通りに百歩歩いて、また百歩走った。何回か繰り返しているうちに、次第にゴールまであと数マイルになった。ゴールは間近になり、気がつかないうちに

脚が前に出ていた。カピオラニ公園まで来ると、

「グッド・ジョブ！」

「ナイス・ルッキング！」

という沿道の大勢の応援の声に、体中からすべてのアドレナリンが出たように速度が増してゴールを迎えることができた。

後で気がついたのだが、この稲垣会長の言葉は、もともとマラソンの秘訣の言葉だが、他に仕事だけでなく、人生の生き方そのものにも通じる言葉を投げかけられたと重く受け止めたものだった。

博報堂を退職して、何年も経って私はご縁があって東銀座にある広告制作会社「J2コンプレックス（現在は日比谷に移転）」の顧問を経て副社長として毎日のように会社へ通うこととなっていた。目の前のADK松竹スクエア（現：銀座松竹スクエア）ビルに当時は創業者としての稲垣正夫さんがおいでになる。

私は稲垣社長とは一九七三年に退社して以降、毎年年賀状だけは交わしていた。ある時「目の前で、いまだ元気に広告業界の片隅で仕事しています」と添え書きをしたところ、すぐさま秘書の方から、一度オフィスへいらっしゃいと声を掛けられた。そんなことで稲垣さんとのご縁が復活した。病気でおやすみになるまで数年間、何回となく業界懇談のためにオフィ

スへうかがったことだろうか。

創業者である稲垣正夫さんは経営幹部をはじめ全社員が「経営者意識」を持ち、〃一丸となって〃仕事に打ち込み、高い実績をあげ豊かな果実を得られるようにする「全員経営」を目指してきた。ＡＤＫ（アサツー・ディ・ケイ）として旭通信社と第一企画の社員が一つになり、つまり二つの組織が一つになって同じ目的に向かうことに専念するのだという。

私に対してやさしい物腰で昔話とともに、淡々と今までの経営に関するお話をしていただいた。

一度、誕生日のお祝いで手土産に浜名湖の鮎の柔らか煮を持参したところ、数日たって丁重な手紙が来た。

浜名湖は若い頃師事していた先生をよく尋ねたところだ。そのことを何十年ぶりかで思い出させてくれたと感謝の内容だった。ご高齢になってもそんな気遣いをされると恐縮した思いがある。

病に倒れて両国の病院に入院していらしたのだが、多くの社員たちのお見舞いは強く固辞していたと聞いていた。元秘書の山藤千賀子さんを通じて、

「お見舞いに伺いたいのですが、如何でしょうか」

と問い合わせたところ、

「間宮さんはよいです。待っています」

身の程を忘れるほど、ありがたいことに山藤さんから稲垣さんの返事をいただいた。入院後しばらくしてだが、お見舞いに伺うことができた。脚が多少ご不自由で車椅子だったが、元気な姿で大きな声でやり取りし、傍らの奥さまとご一緒に昔話をさせていただいた。

それが稲垣正夫さんとの最後の対面になった。二〇一三年（平成二五年）十一月一日のことだった。

私は創業者である稲垣正夫さんとのふれあいを通じて、人の心をつかまえる言葉について深く感銘を受けている。若い頃に社外に飛び出した人間なので、他の大勢の社員のみなさんとは異なり多少は、望郷的に、かつ主観的に感じるのかもしれないが、人生最初の会社生活での稲垣正夫さんとのご縁を、未だに私の広告人生の宝と感じている。

イラストレーターの黒田征太郎さんとの出会い。

「イラスト原稿は、ちゃんと出来ていますよ」

イラストレーターの黒田征太郎さんから広告原稿を受け取った時の黒田さんの言葉だ。

二十代半ばの頃だった。いまやイラストレーター界のレジェンドでもある黒田征太郎さんに初めてお会いしたのは、旭通信社時代の一年生の後半の頃だった。軽自動車「ミニカ」のキャンペーンの企画依頼で事務所へ先輩とともに伺った時だ。「ミニカ」が作りだすユートピア〝ミニトピア〟という造語による六人のアーチストの競作企画だった。当時若者に超人気のあった黒田征太郎さんの他、同じくイラストレーターの伊坂芳太良さん、宇野亜喜良さん、野田弘志さん、写真家の篠山紀信さん、立木義浩さんなどの六人の競作シリーズの広告企画だった。自由に自分なりの〝ミニトピア〟を描いてほしいという企画で、新聞原稿と店頭ポスター掲載で賑やかに展開することになっていた。

原稿をいただく約束の日に、黒田さんの六本木の事務所「K2」に私一人で伺った。受けとったイラスト原稿は、真っ白な画用紙の真ん中に真横に一本の線。地平線である。そこに芥子粒のように黒い豆のような形のものがポツンとあり、天から矢印で「これ、ミニカ」と英語で書かれたシンプルな一枚のイラストだった。小さな車という意味はよくわかるが、広告営業としては「ありがとうございます」と受け取って会社に帰るわけにはいかない。

「なんとか、ならないでしょうか。シンプルな一枚の絵では、これでは広告になりません」とストレートに言いたいが、どう説明していいかわからない。

既に知名度のある有名イラストレーターに、実際にはそんな風にストレートな意見はできないが、広告マンとしての交渉とは粘るのが大事とばかりに、ああだの、こうだのと、すったもんだしてしまい収拾がつかなくなった。説得力と粘りをはき違えた結果だった。

結局後日、制作部長と先輩営業が黒田さんと話し合い、地平線と芥子粒のような小さな車という原案を尊重して、まわりに雲や山脈のイラストをコラージュして黒田さんの〝ミニトピア〟を作り上げた。

「追い求め、長く苦しい男の旅。やるか、やられるかの毎日の連続。だが昔なくした心の星を求めて、俺は行く。そんな時、地平の果てに俺のミニトピアが……」

と心情がコピーとして語られていた。

芥子粒のような黒い豆のような形のまわりにはminitopiaと筆記体の英文字がエキゾチックな砂漠の中のお城のように黒ベタで描かれていた。先輩たちに助けていただいた苦い経験だった。

後に国会図書館で当時のシリーズになった新聞広告を見つけて、篠山紀信さんや、立木義浩さんの撮影現場に立ち会った記憶が懐かしく蘇った。

新人広告マンとしてクリエーティブの表現内容についての制作進行や調整の壁の厚さ、未熟さを身にしみて感じた良い経験になった。クリエーティブについての仕切り、まとめていくためのクリエーティブな会話、つまり「共通言語」に欠けていたのだった。

「大丈夫ですよ。八時に帰ればいいので」

二度目の黒田さんとの出会いは数年後、博報堂で化粧品担当の時だった。本格的な高級男性化粧品のキャンペーンで、いつもの女性化粧品ではないので、初めて制作室のパートナー代理店を選ぼうというニーズが得意先にあったようだ。そこで電通と競合プレゼンの結果、我々のチームが得意先制作室のパートナー代理店に選ばれた。CMプランナーの沼上満雄さんと新人プランナーの宗形英作さんが勝利の中心メンバーだった。

そのプロジェクトで提案したのは、決して美男子とは言えない征太郎さんであった。それまでの男性化粧品のコマーシャルは大体、美男子俳優が選ばれていたが、沼上さん、宗形さんの企画で黒田征太郎という、当時人気が出ていた存在感がある新しい男の顔の提案だった。我が営業チームは、ほとんどの営業担当が媒体担当だったために、制作チームがプレゼンに勝利してから、私が制作進行の担当になり沼上チームの仕事に営業として加わったのだ。

初めての企画打ち合わせは品川のホテル。私は若い営業担当なので夕方早めにホテルに向かった。二番目に黒田さんが打ち合わせ用のルームに現れた。数年前の軽自動車の新聞ポスター企画では迷惑をかけてしまったことを征太郎さんはよく覚えていた。なんとなく気まずい空気が流れると思ったが私の考えすぎだった。忙しいスタッフたちはなかなかホテルのルームに現れる気配がない。世間話をする間、やきもきする私に征太郎さんは、

「大丈夫ですよ。八時までに帰ればいいので気にしないでください」と言いながら個人的な家族の話などをして長い時間を過ごした覚えがある。そうこうしているると三々五々と得意先やスタッフが集まり、長時間の企画会議が始まった。

「このあとの打ち合わせは外で続けませんか」

喧々囂々と意見のやり取りで数時間経った頃、征太郎さんが言い始めた。

結局、沼上さん、宗形さんほか数名で四谷、新宿、六本木の有名な酒場を延々と巡った。スタッフの顔合わせという儀式に近いものだったが、気が付いたら外は朝焼けが東の空を染め始めていた。わたしは徹夜で酒を飲むという初めての体験をした。

黒田さんを自宅までタクシーで送ることになり、

「八時に帰ればと言われていたのに、こんなに遅くまですみません」と私。

「まだ二時間あります。大丈夫です」と征太郎さん。その理由は息子さんを幼稚園に送り出すのが朝八時だったのだ。初めからその時間までに帰宅すればよいということだった。

いつもの無頼派スターのイメージに反して、子煩悩な父親の意外な一面を垣間見たような気がした。

このCM作品は、商品カット以外は終始モノクロ映像で黒田さんの顔のアップ。左半分がシャドウで黒い。両手で頬を叩くとスローモーションで化粧液が逆光の中、白く光って飛び散る。バックには宗形英作さんのナレーションコピーである。窓の外を思わせる白く反射する心象風景の中、黒田さんのコメントが入る。

坂本竜馬三十二歳
中岡慎太郎二十八歳
高杉晋作二十七歳
維新を見ずに散ったが　男にとって大切なものは
年齢でも、顔でもない
熱い心があればいい
「表は雪か」窓を開け黒田さんのひとこと
熱い心を満たす（資生堂ヴィンテージ）。

得意先制作室のコピーライターの小野田隆雄さんが、
「我が社の化粧品のコピーがカミソリの味だとすれば、このコピーは豪快に薪を割るナタの味を感じる」
と評してくれたのが印象的だった。

「○○さんは、いま海外ロケですか、日本にいますか」

その後も黒田征太郎さんとのお付き合いは長いあいだ続く。CMの顔合わせ会議の後、酒場巡りで寄った六本木の俳優座裏にあった「若いおまわりさん」というカウンターバーも、常連の黒田さんのおかげでとても長いお付き合いになった。店の名付け親は、写真家の十文字美信さんだ。後にこのバーはフリーのクリエーターが集まってくる放課後の社員バーのような店になった。いつ寄っても誰かがいる。コピーライター、アートディレクター、スタイリスト、CMディレクター、音楽プロダクションのプロデューサー、同伴でやってくる有名俳優、歌手などがいる。当然イラストレーター黒田さんもそのうちの一人だった。たくさんのクリエーターが夜な夜な遅い時間から集まって来た。

そんな訳で、お店のオーナーの南子《みなこ》さんの考えで広告会社の営業はごくわずかなメンバーだけしかお店に入れなかった。ありがたいことに私はそのうちのひとりだった。

南子さんは華奢な体でカウンターの中で器用に手のひらに氷片をのせて、スティックでコンコンと割っては砕いた氷を配ってお客さんのお相手をしている。結構、お客さんの好き嫌いがはっきりしているが笑顔の素敵なママなのだ。ギターを弾く岡崎くんもお店の中心でお客の好みの曲を、笑顔を絶やさずに弾いていた。その若い岡崎くんは難病を患ってあっという間に天に召されてしまった。

この店のカウンターで飲んでいると、いつ誰と誰が海外ロケに出て、どれだけ東京不在になるかまで情報として聞こえてきて自然と私の頭に入った。当然、新しい仕事に立ち向かうときのスタッフィングにひそかに役立った。

「○○さんは、いま海外ロケですか、日本にいますか」

洋酒メーカーの宣伝部の担当者から直接聞かれることもあったほどだった。競合他社の仲間にはもうしわけないと思うが、それも情報戦争のひとつで、さりげなくその特権を利用していたのは事実だった。

お店が十周年を迎えるときに、どの店も行う常連客へお決まりの案内状を送り込む感謝パーティーではなく、普通とは違う何か記念になることをしたいと、オーナーの南子さんがつぶやいた。その場でカウンターにいた仲間たちが、記念ポスターを作ろうと言うことになった。その時お店に一緒にいたアートディレクターの井上嗣也さんがデザインを担当することになった。お店ではご挨拶はするものの、イラストレーターとしての仕事は一度もしたことのない黒田征太郎さんに、ぜひイラスト制作をお願いしたいと言い出した。

数日後、六本木の一角にある「K２」という黒田さんのオフィスに連絡を取り、井上さんと一緒にイラスト制作のお願いにいった。それもギャラはなく、無料ボランティアという無茶な依頼だったが、時のスターであり超多忙の黒田さんは、そのアイデアを快く受けてくれた。数日かかって「二百人の酔っ払い」をテーマに二百人の個性ある人々の群像をイラストに描いてくれたのだ。これをお店のお客仲間がボランティア感覚で印刷会社を紹介してくれ、みんなの遊び心で大きなポスターに仕上がった。このポスターは当時のお客様約二百名に配布され、お店の壁には長い間大きな額縁におさまり、いつも話題の中心になっていた。

当時素晴らしい仕事に明け暮れていたクリエーター仲間にとっても、「若いおまわりさん」は僕たちの広告時代を創った象徴的な現場だったと言える。

この原稿を書き始めた時に、南了さんに連絡を取ったら、

「仲間の悪口さえ書かなければ、何を書いてもいいよ」と、さらりと言われた。

そういえば、当時は血気盛んなクリエーター同士の酒の上での口論などもあったが、傍で見聞きしていたことも細かいことはすべて忘れてしまった。

「黒田さんのご友人の会社の開所式でしたら必ず出席させます」

一九九九年（平成一一年）七月に私が海外に赴任することが決まり、しばらくの間お別れをするとの報告のためにお店に立ち寄った。ところが、当時はニューヨーク在住で東京にいるはずのない黒田さんがぬーっとお店に現れた。驚いた私は、

「黒田さん、来週から韓国へ転勤です」と、いきなりというと、

「えっ、本当ですか。では、この方に連絡してみたらいいですよ」と、傍らのメモ用紙に金《キム》徳洙《ドクス》いう名前と電話番号を走り書きにして渡された。その方は韓国の代表的な農楽のサムルノリの第一人者で、大統領の就任式の音楽監督もされるという国民的に慕われている音楽家なのだ。サムルノリのサムルとは四物《サムル》（チャンゴ、プク、ケンガリ、チン）の四つの打楽器のこと。ノリは遊びのことでふたつの言葉を繋げた韓国独特の演奏のことである。

赴任当時、博報堂ソウル駐在員事務所のオープニングセレモニー（開所式）を、ソウルで一番有名なホテルで行うことになった。

たくさんの日韓のビジネス関係者を招くことになり、黒田さんの紹介というだけで金徳洙さんは、セレモニーにゲストとして来賓で参加してくれた。そのお願いの電話を差し上げた時に出てきたのが奥様で韓国舞踊家の金利恵《キムリエ》さんだった。セレモニーの日程を告げると、「主人はその日は他に予定がありません。黒田さんのご友人の会社の開所式でしたら必ず出席させます」

ときっぱり、その場で確約してくれた。

オープニングセレモニーの準備について韓国の提携広告会社と会議を行った時に、金徳洙さんをゲストに呼びたいと話を切り出したら、そんな大変な方を呼ぶ予算はありませんと言われた。それなら個人的に頼みますというと、韓国に赴任したばかりの何も知らない日本人が、そんな方をお招きすることはできるわけがないと一蹴された経緯があったのだ。

当日のオープニングセレモニー会場に金徳洙さんは会場で演奏はしないのだが、黒地の韓服に黄色の襷をかけたサムルノリの正規の音楽衣装で現れた。

来場者の半数の韓国側の方々からは、日本の博報堂とはあの有名な国民的音楽家の金徳洙さんが、ゲストで来るような企業なのだと認識してくれた。赴任したばかりの日本人の私は、その存在力のほどがにわかに理解できなかったが、韓国事情を右も左もわからないときに、黒田さんには結果的に大変お世話になったことになる。

それ以来金徳洙さん、金利恵さんとも今でもかわらない長いお付き合いが続いている。

赴任中のある時に黒田征太郎さんが金徳洙さんに会うためにソウルにやってきた。大学路《テハンノ》にある金徳洙さんのスタジオで、サムルノリの太鼓のリズムに合わせて白いスクリーンの壁に、多色の絵具を素手で塗りまくる実験的なパフォーマンスを行ったのだ。「雨《ピ》」というテーマであったが二時間で情熱的な抽象画を汗だくになって描いたのだ。黒田さんは、金徳洙さんの緩急あるリズムにあわせて見事な絵を描き上げた。二人のお付き合いはとても長い。その二人の呼吸のぴったり合ったパフォーマンスを、目の前で堪能させていただいた。

ビデオに収録された映像は作品として大事に保管されている。二人のパフォーマンスの後で近くのお店で黒田征太郎さん、金徳洙さん夫妻と極上の焼肉とマッコリを痛飲した。

この項を書きあげてご本人の確認を取りたくて「Ｋ２」に問い合わせの電話を入れたら、ご存命中のアートディレクターの長友啓典さんが出てきて黒田さんの当時の連絡先を教えてくれた。

原稿を読んだ黒田さんはクレパスで画用紙に描いた、一本の長い緑色の茎の先に大きく開いた赤い花のある絵手紙で、

「間宮武美さま。いろいろと頭に場面がよぎり、とても懐かしかったです。僕は相変わらずバカで夏は北海道のロックフェスティバルや、佐渡の鼓童アースセレブレーションに参加。平均年齢を上げました……。あい変らず描いています。たまっていく絵を視ながらテンバツだな。と考えています。何か、またのんきなオモロイコトやりたいです」。

と独特の手書き文字で返事を書いて送ってくれた。

というように二十代、三十代、四十代、五十代と、そして六十代になっても黒田征太郎さんとは、つかず離れず大事なところでぬーっと現れ細く長い関係を続けていただいている。

黒田征太郎さんとの出会いは、私の広告人を超えた人脈の宝物を与えてくれたといっても過言では無い。

長友さんは、黒田さんの連絡先を事務所に尋ねたときの話の内容に、「それは、楽しみな企画やなぁ。早く読みたいな」と笑いながら言った。その長友さんも「若いおまわりさん」の常連の一人だった。

長友さん、間に合わずにごめんなさい。

「若いおまわりさん」は三十周年を迎え、惜しまれながら約十年前に閉店した。

駄洒落コピーライターの眞木準さんとの「一期一会」。

「もしもし、マキです。営業手法について社長に話してくれますか」

「もしもし、マキです。お変わりないですか。早速ですが『宣伝会議』で営業講座の検討プロジェクトを始めるのですが、責任者に会ってくれませんか。広告業界のこの閉塞感に満ちた現在、宣伝会議ではコピーライター養成講座など講座がたくさんある中で、広告営業職の養成講座はひとつもありませんと言われました。一緒に仕事していた頃の『営業手法』について東社長（当時）に話してもらえないですか」

二〇〇五年（平成一七年）秋のことだった。電話口から聞こえるぼそぼそとした声は、懐かしいいつもの調子だった。

その声の主はコピーライターの眞木準さんだった。

宣伝会議の営業講座の立ち上げ準備のなかで、講義の方向性、具体的内容を模索しているときに、東英弥社長（現会長）に真っ先に私を引き合わせてくれたのが眞木準さんだった。東社長との数回の話し合いの結果、

「本屋で絶対に売っていないような営業講座にしよう」

との方針に決まった。

あれから足かけ十余年の時が流れ、その間、私は多くの広告営業たちへの講義を重ねた。広告ビジネス環境のスキームが大きく変化して、いまやマーケティングのコミュニケーション環境がデジタル化の影響で大きな変化を余儀なくされている。

宣伝会議の東英弥社長の「広告営業の講座を立ち上げたい」という言葉に押されて、眞木さんは私を宣伝会議に結び付けてくれた。つまり眞木準さんは、「営業手法」という言葉をきっかけに、博報堂を定年退職した私を再びこの広告業界へ引きもどしてくれた。

私の定年退職後の人生をいきいきとさせてくれた、ある意味で仕事の恩人である。

ダジャレコピーライターと称されていた眞木さんはダジャレとは言わずにオシャレコピー

と言っていたと前述したが、眞木さんと仕事をしていたあの頃は、広告がコミュニケーション活動の中でパワーを持っていた。時代の勢いと、主に得意先の「やってみなはれ」の社風を背景に、世の中に向かって仕掛けていたのだ。

毎日が楽しい魂の運動場だった。あの頃みんなが同じ坂道を駆け上がっていた。眞木さんとの初めての仕事のカンビール広告のエピソードは、すでに第一章で詳しく紹介した。

「よかったじゃない。さすが、キッシンジャー」

この頃はカンビール広告の毎日で、コピーライターの眞木準さんとはいつも一緒だった。眞木さんとカンビールの仕事をするようになって、いくつも国内外で起こった業務上の難問を抱え、必死に縦横に走り、解決してその結果を眞木さんに伝えると、

「よかったじゃない。さすが間宮さんは、業界のキッシンジャーだね」

と必ず眞木さんは、そう言ってくれた。またそれ以降は、事あるごとに、

「ねぇ、キッシンジャー」

と私に声を掛けてきた。

眞木さんが、当時の世界中の難問を走り回って解決していたキッシンジャー氏をどのように理解していたかよく分からないが、眞木さんとしては四方八方駆け回って業務上の難問を解決した私への感謝の言葉だったと思う。

（キッシンジャーとは、アメリカのニクソン政権誕生とともに大統領補佐官として政権中枢に入り、ニクソン外交を取り仕切った国務長官で、いまでもご健在のようだ）。

カンビールの制作時期になると我々は、サントリーの床波範人さん、アートディレクターの戸田正寿さんにカメラマンの与田弘志さんと営業の私の四人が、パリ、ニューヨークで有名モデルクラブのモデルのオーディションを行った。その流れで撮影現場のロサンゼルスにヘア、メイク、カメラアシスタントなど関係者全員が集合する。ちなみに我々四人の航空チケットは東京、パリ、ニューヨーク、ロサンゼルス、東京の世界一周チケットになった。

コピーライターは、職業柄あまり海外ロケには直接的には関わらないケースが多いのだが、眞木さんには、ハリウッドでの撮影の仕事の進め方を、目の前で見るのも良い経験になると撮影に立ち会うことにしてもらった。そんなわけで眞木さんは、一人でロサンゼルスにやって来た。西海岸の空気感がコピーに反映するのも、これからは大事だと、八〇年代の広告業界では、よくあるケースになった。

それなので眞木さんも何日ものあいだ撮影クルーの一員として仕事を楽しんだ。

この経験は後に他の広告表現にも大いに役立ったに違いない。これは得意先の理解がないと、なかなか成立する話ではなかったのだ。

ある時、眞木さんに「カンパリ・ソーダ缶」の広告の仕事のお願いをした。アートディレクターは、その頃コンビを組むことが多かった浅葉克己さんだ。

キャッチフレーズは「都会で、ボケーション。」に決まった。都会でバケーションと、都会でボケーっとしようのおしゃれコピーだ。

カンパリ・ソーダは、昼間の太陽の下でのんびりと飲む気分にふさわしい。そんな気分のキャッチになった。

企画の途中でNYにバーテンダーの役目をするチンパンジーが居るとの情報を浅葉さんが見つけてきた。チェック模様のベストを着て毎晩お店のカウンターで器用にお酒を注いでいるのだ。

そのチンパンジーを起用する企画が決まり撮影の準備しているとき、NYのプロダクションからチンパンジーの出演は了解だが、東京での撮影だと空港での入国検査で検疫が厳しい。それ以上にチンパンジーでも時差の障害が大きく、時間の限られた撮影の仕事にならない。ぜひNYに来て撮影してほしいということになり、眞木さんと浅葉さんや演出の川崎徹さんがNYに飛んだ。

キャッチフレーズのデザインについては、浅葉さんは頑張った。当時、新しいタイポグラフィー（文字を美しく特徴づける書体）の提案だったのだ。

「なんや、見たことない文字やな」と宣伝部の辰馬さん。

結局は、〝ボカッシーG〟という書体名の新しいタイポグラフィーで広告が出来上がった。浅葉さんの「ボカッシー」と眞木さんの「ボケーション」。語呂合わせのような組み合わせになった。いまや、タイポグラフィーの世界ではレジェンドの浅葉さんの若くて挑戦的な仕事になった。

この話は眞木準さんの発想から始まった私の個人的なケースのエピソードだ。「乃木坂ビレッジ」は、まぼろしのマネージメントオフィスになった話だ。

我々の営業チームは社内の制作者と組む仕事も多いが、特にコピーライター、アートディレクターなどフリーの方々とのお付き合いも多かった。私が三十五、六歳の頃だったと思うが、眞木さんが興味ある提案をしてきた。

ある日仕事のケリがつき、食事でもしようかという流れになった。

「実は、おりいって、間宮さんに相談があるんだけど……」

食事も終わりひと段落して、しばらくたって眞木さんは真剣な顔をしてポツリと話し始めた。話の内容は、眞木準さんをはじめたくさんのコピーライター、アートディレクターなどフリーのクリエーターの仕事のマネージメントをしないかという。

つまり得意先の仕事を請け負うということから、相互のスタッフィング、スケジュール管理、最後は請求書の処理と、彼らが苦手な部分を含めてのマネージメントの仕事を、私が独立してやってみないかと相談してきた。事務所は乃木坂の先輩コピーライターの事務所のひと部屋から始めたら良いという。会社の名前は「乃木坂ビレッジ」と眞木さんは既に決めてある。眞木さん自身もフリーとして独立したときは、その乃木坂の先輩コピーライターの事務所のひと部屋からスタートしたのだ。

しばらくは眞木さんの発した「乃木坂ビレッジ」という「ひとこと」は魅力ある提案かなと熟慮したが、あるとき母親の顔が浮かんだ。

「あなただけは、お父さんのように浮き沈みの激しい事業などしないでね。ちゃんとした会社にいるのだから、今の会社を辞めないで、しっかり最後まで頑張ってね」

と、かつてお茶飲み話で聞いていたことを思い出した。本当におやじの後半の人生は、事業の浮き沈みが大きく、母は人には言えないような大変な苦労をしたに違いない。母の「ひとこと」を思い出して、眞木さんにはせっかくの興味深い提案だけれど丁寧にお断りしたことがある。

今では乃木坂あたりで、どれほどのフリーのクリエーターが活躍しているだろうか。世の中の環境が大きく変化して、フリーのクリエーターが花形だった時代は終わったのだ。その後、もし私が決意してマネージメントオフィスが存在していたら「乃木坂ビレッジ」は一体、どんな運命になっていたのだろう。

眞木準さんは、広告営業職養成講座の立ち上げに「宣伝会議」を紹介してくれた。そのご縁で宣伝会議の子会社で広告業界専門の転職支援をする会社「マスメディアン」から転職アドバイザーを依頼された。またそのご縁で「マスメディアン」から現在の職場の広告制作会社「J2コンプレックス」に紹介された。ご縁がご縁を結び、またそのご縁がご縁を重ねてくれたのだ。

当時私は「宣伝会議」で講義を担当する傍ら「マスメディアン」で広告会社のシニア営業マンの進路面談で、人生相談のように再就職先を紹介していた。その頃「J2コンプレックス」の高橋一彰社長は、毎月のようにデザイナーやコピーライターを「マスメディアン」を通じて探していた。

社員数が八十五名になった頃、デザイナー一名に、指南番一名と依頼してきたという。指南番？　つまり社員が百名を超したら、社長一人では目が届かないので一人のパートナーが必要だとの依頼だった。当然「マスメディアン」には、そのような人材ストックがあるはずもなく、結果的に私が面接に出かけることになったのだ。

これが高橋社長との運命的な出会いになった。二〇一〇年七月の事だった。

眞木準さんの「宣伝会議」から始まり、「マスメディアン」を経由して高橋社長の「J2コンプレックス」への見事なバトンリレーとなり顧問、五年間の副社長を経て、今では特別顧問として日比谷のオフィスへ通っている。高橋社長と最初の出会いから、すでに足かけ十年のご縁になる。

二十八年前に神宮二丁目のマンションで誕生した。だから「J2」。一部屋で五人のデザイナーで始めた会社だ。「コンプレックス」という言葉は、一般的には〝劣等感〟という意味でしか知られていない頃だが、ほかに〝複合体〟という意味がある。今や、その名の通り立派な複合体の組織になった。いつも周りに言うことだが、高橋社長の先見性に満ちたネーミングだと感心している。

今ではその「J2コンプレックス」はデジタルコミュニケーション時代の波を乗り越え制作会社として、業務上の守備範囲を広げて、社員数は百七十名を超える会社に成長した。

この章の冒頭に書いたが、眞木準さんは博報堂を定年退職した私を「講義」の経験にはじまり「制作会社の日常業務」と、再びこの広告業界へ引き戻してくれた。私の定年退職後の人生をいきいきとさせてくれた、ある意味での人生の恩人である。

「自分は眞木さんの背中を追いかけていた」

私は当時、眞木準さんとは濃いお付き合いが続いていたのだが、突然、哀しい話が待っていたのだ。

現役時代に、同じ坂道を一緒に駆け上って、「僕たちの広告時代」を共有していた眞木準さんは、二〇〇九年六月二十二日急性心筋梗塞で亡くなった。いつも、我々と共に仕事と闘ってきた眞木準さんが、忽然と我々の前から姿を消してしまった。驚愕と共に、あまりにも哀しい。改めてここに、心からご冥福をお祈りする。

余談だが、私はいまでも「宣伝会議」の私の講義の冒頭の部分で、眞木さんがこの講座を紹介してくれたことから、目の前のみなさん（受講生）に、こうして講義をすることができるのだと説明する。つまりこの講座にとって眞木さんの存在が大きいのだと決まり文句でしゃべっている。

じつは私の講義が「広告営業職養成講座（現：提案営業力養成講座）」の初日に担当だったのだが、二〇〇九年六月二十三日が、その講義の日だった。眞木準さんが前日に亡くなったのだ。このことはまだ内密になっていたので、私はいつものようになにげない様子で、冒頭の部分は、眞木さんの話で講義を始めたのだ。このことは、大変につらい思い出として、いまだに脳裏に焼きついている。

その日の講義の最後に、

「ほんとは大事なことを言い残したのだけれど、これは次回にします」

何も事情を知らない講座担当者が

「みなさん、終わりの時間をいつもキチンと守る間宮さんですが、あと十分程度講義を延長

しても良いですか」と受講生の賛同を得たのだが、

「ちゃんとお話し出来るようになるまで待ってください」とその場でお茶を濁した。

その日に受講生に伝えたかった本当の気持ちを書き込んだメモを、数回後の講義で「カゼプロ」の戸練直木さんが丁寧に代読してくれたと講座担当者から聞いた。


そんな眞木準さんの「お別れの会」が、その年の七月三十日に表参道で宣伝会議の主催で開かれた。

一人ずつ一本の白い花を携えて会場へ集まることになっていた。

私は白いカスミソウを手に会場へ向かった。花言葉は、「感謝」だ。

以下は会場で聞いた仲間達の「ひとこと」だ。


和光学園の先輩である音楽家の三枝成彰さんは、

「彼は誰かと交わした約束は必ず実行した。義理堅い、大いなる名キャッチャーだ」

「ブランデー、水で割ったら、アメリカン」の仕事を一緒にした、博報堂の元社長で眞木さんの一年後輩コピーライターだった戸田裕一さんは、

「自分は眞木さんの背中を追いかけていた。『夜中、戸田はまだ書いていると思ってまた書

くんだよ』といわれたことがある」と、ぽつり…私につぶやいた。

コピーライターの糸井重里さんは自身の「ほぼ日刊イトイ新聞」で「……子どもの頃、夕方になると、一緒に遊んでいた仲間が、ひとり、又ひとりと暗くなった道を帰っていった。そのときの気分に、ちょっと似ています」と心情を語っている。

コピーライターの仲畑貴志さんは「…………」。

ジャーナリストの秋尾沙戸子さんは当時、宣伝部新人時代に、カンビール広告の雑誌媒体の担当をしていた。

「2度目の独身生活で、カンビール党になりました。」の広告ポスターの前で、「これってサトコに一番縁遠いキャッチだね。理解できないでしょ」と、宣伝部長から言われた独身時代の秋尾さんは、数年後に結局このキャッチフレーズの通りの人生を送ることになった。晴れて自由の身となって、

「眞木さんのコピーをいつも思い出していた。時代の先を読んでいらしたのでしょうか」と、うっすら涙を浮かべてイタズラっぽい表情で語ったのだった。

何十年ぶりかで会った博報堂の先輩コピーライター田村菜穂子さんは、新人時代の眞木さんのことをとても可愛がっていて、「いつもノロマで、私たちを待たせていた眞木が、こんな時だけ早く逝っちゃうなんて…。あっちで、ゆっくりと待ってなさい！　という気持ちでした」なんと「ノロマ」の眞木がと表現していた。先輩の残した意外な言葉だ。

アートディレクターの浅葉克己さんは、一番遅く会場へやってきて、「大きなヒマワリを探していたんだ！　こんなにでっかいヤツを、ほら……」ほんとうに大きなヒマワリを肩に担いできた。いつもの浅葉さんらしいひとことだった。

お会いした皆さん、口を揃えて「ここに眞木準が居ない現実、いまだに信じられない」と……。

眞木準さんはこの私を、再びこの広告業界へ引き戻してくれた。宣伝会議の講義は、十四年目を迎え、まだ次回の一コマ講義の準備をしなければならない。

広告制作会社の特別顧問として、オフィスへの出番は少なくなったが現場が継続している。この歳になっても、いつまでも現場は楽しいのだ。つまり、博報堂を定年退職した私の、その後の広告人生もいきいきとさせてくれている。

いつまでも忘れられない友なのだ。

チームリーダーの羽場先輩のひとことで伝える力。

「君はクリエーティブを扱い獲得のキリクチにしてほしい」

私は化粧品担当を五年続けた後、サントリーチームの担当になった。営業チームは専従メンバーが十数名で個性豊かなメンバーばかりで、それぞれ担当業務がはっきりと決まっていた。

「間宮君は異動者の補充ではなく単純な増員だ。だから異動者の代わりの担当業務という仕事はない。これから君はクリエーティブを扱い獲得のキリクチにしてほしい」

と当時、第一営業局長の宮川智雄さんから言われた。クリエーティブを扱い獲得のキリクチに。なんと謎めいた辞令だろうと面食らったことがあった。

確かに媒体別に担当者が複数名決まっていて、イベント業務のプロモーション担当も居た。しかし、その時点では制作進行する担当者はあまり明確ではなかった。

私は翌日からは決まった仕事もなく幽霊部員のような毎日がしばらく続き、赤坂見附にある得意先に通う後輩のメンバーについて一緒に話を聞いてくるという毎日だった。

制作担当に着任してサントリーチームの十年間を過ごした中で、最初の数年間は羽場祥修先輩と二人で現場を走る制作担当として二人三脚の毎日になった。ビールの仕事が本格的になる前は、いろいろなクリエーティブ業務に二人で走り回っていた。

「わたしいいます、かあさんに。オレンジ50、も〜う一杯。サントリー」

オレンジ50の伊豆のミカン畑の撮影のロケハンに立ち会い、翌年の春のハワイロケの企画のプレゼンに加わり、今はベテラン女優になった原田美枝子さんが若い頃にCM出演した「オレンジ50」のCM制作からすべては始まったのだ。

担当してすぐに、羽場先輩に代わり私がハワイロケに参加した。十二月二十四日の夜、羽田空港からハワイに立った。午後遅く自宅で子どもたちとクリスマスケーキを楽しみ、飛行機の中ではお祝いのシャンペンをご馳走になり、ホノルルに到着した晩は、現地でクリスマスパーティーと、時差のマジックでクリスマスを何回も祝って、一週間のロケを終えて大晦日に帰国したことなどを細かに覚えている。

年が明けて早々にプロダクションのサンミュージックで美枝子さん達と一緒にオールラッシュ試写に立ち会った。いきなりサントリーチームのクリエーティブ担当としてバタバタの毎日が始まっていた。

この頃から前述のとおり旭国、麒麟児の出演交渉が始まり、契約書の作成などビールの仕事が忙しくなった頃だ。しばらくビールの仕事が忙しくなるのと同時に、オールドのCM撮影、料理ワインの「料理天国」のCM撮影などに追われ始めた。全て羽場さんと二人三脚同様の感じで、クリエーティブの仕事が進んでいた。

チーム員のそれぞれの努力でクリエーティブの仕事が多忙になり、瓶ビールとカンビールの仕事が同時進行になった。

チームリーダーの羽場さんは、瓶ビールの仕事を中心に、その間シルクロードのロケに参加し、中国大陸に日本で初めてのCM隊として入り、話題になったサントリーオールドの撮影隊の仕事に関わった。それ以来、「ローカル派」としてアフリカの砂漠では象と向き合った若者がビールで乾杯したCMや、ブラジルのリオデジャネイロで一人の現地の乙女がサンバのリズムに合わせて軽快に踊ったビールのCMに立ち会い、当時、CM業界を賑わせ、話題になった様々なサントリー広告に関わっていた。

その間、私はカンビールの仕事中心でパリ、ニューヨークでモデルのオーディションをし、ロサンゼルスで撮影をするという「シティ派」として仕事をこなしていた。

「ローカル派」と「シティ派」それぞれが現地で貴重な体験をしながら、やがてチームの仕事が徐々に大きくなっていった。

その後、競合プレゼンで獲得した仕事、得意先の言葉をヒントに行った自主プレで獲得した仕事と、日増しにやるべき仕事が増えていった。とにかく数年間に宣伝部の方々やスタッフの方々のおかげで、業界でも、世間でも評判を得るような広告作品を生み出すことに関わりを持てたのだ。また、社内の制作者だけに留まらずに、フリーの力量あるクリエーターたちとのネットワークも組むことができた。

この頃、多忙を極めたカンビールの仕事の展開は、第一章で詳しく述べた通りだ。


サントリーチームの仕事は、こうしてクリエーティブ業務を切り口に、媒体企画へと繋げてゆく流れがチームの中に出来あがり、仕事の内容が徐々に波に乗り始めた。

八〇年代の日本の総広告費の約八割以上を、マスコミ四媒体が占めていた時代に、広告会社の営業職で媒体担当にならずに、ただ制作担当というのは、当時はなぜか違和感があったのも確かだった。しかし約十年間のサントリーチーム専従のクリエーティブ業務の担当として、「やってみなはれ」という得意先の社風や、広告業界の勢いが追い風になり、私以外に約十名でチームを組める所帯にまで成長したのだ。

つまりビール担当、ウイスキー担当、ワイン担当、食品飲料担当と、得意先商品別の制作を取り扱うチームが出来上がってきた。毎週の部会では、まず私のチームの進行状態を発表し、部員全員に情報共有して、それぞれの商品の媒体企画を自主的に検討し組み立てるというサイクルが機能し始めたのである。チームリーダーの羽場祥修さんのリーダーシップが功を奏していたといえる。

「バンカーショットの最高のショットは、どうしたらよいですか」

羽場祥修さんはチームのリーダーとして、私を含めた後輩軍団を駆使して話題になった広告を量産していた。

「すこし愛して、なが〜く愛して」のサントリーレッド、「ブランデー、水で割ったら、アメリカン」のサントリーブランデー。「カンビールの空カンと破れた恋は、お近くの屑かごへ。」で始まったカンビールの広告など、みな十年近く継続したロングラン広告だ。

コーラ飲料の「ＳＡＳＵＫＥ（サスケ）」、新しいウォッカタイプの「キリコ」、新感覚ビールの「ペンギンズバー」など新製品開発もチーム総動員で手掛けた。その間にたくさんの後輩たちが一人前の営業集団に育ってきた。羽場軍団ともいえる勢いだった。

このような企画競争は、日常茶飯事、当たり前の毎日だった。

このころ羽場チームは競合プレゼンにしないで、自主プレゼンにしてしまうことが得意で、多くの成功体験を重ねていた。

有名なゴルファーに記者が質問した。

「バンカーショットの最高のショットは、どうしたらよいですか」

ゴルファーはすかさず、

「それはバンカーに入れないことが、一番素晴らしいバンカーショットになる」と答えたのだ。ゴルフ仲間では有名な話だ。

これを私たちのチームの仕事に置き換えてみよう。日頃の得意先との何気ない会話にヒントが、隠されていると考えてみよう。担当者の悩みは、時にはその得意先全体の悩みに近いことでもあるからだ。これを聞き流すのは大変もったいない。場合によっては社内外のCD（クリエーティブディレクター）などの力を借りて、再び得意先担当者にさらに深い質問を投げかけながら、この質問力の結果、得意先の課題、つまり悩みのインサイトに触れることが出来るようになるのだ。これが究極のチャンスづくりなのだ。どれだけ自然に得意先担当者を自分たちの味方に迎え入れるかの戦いでもある。

われわれの営業チームでは、それぞれの持ち場で、その得意先の担当者が個人的に抱えている課題を、それとなく聞き出して、社内に持ち帰り、すかさず仮説を立てて、いつの間にか、その得意先担当者の社内提案のサポート資料になることがあった。その結果、新商品提案、酒の飲み方提案、プロモーション対策、媒体企画などと競合プレになる前に、密かに自主プレとして提案して形にした経験が多くあった。羽場先輩のリーダーシップのもと、制作担当、媒体担当、プロモーション担当と先輩と後輩とスタッフが一丸となって取り組んだ結果だった。

自主提案は、時には頼まれもしない「押し掛けプレゼン」と言われるが、まさに言葉通り「押し掛けプレゼン」は「仕掛けプレゼン」に通じて、世の中のトレンドの先取り、海外での成功事例の置き換えなどで、一歩社会に先がけて仕掛けていくケースになったのだ。世の中に先手を打って、新しい現象を提案していたのだ。「やってみなはれ」の社風を追い風にして我々営業チームは、数々の成功事例を経験した。チームの全員が、その意識で得意先担当者に対すれば、かなりの情報が集まり、必ず成果につながるはずだ。チーム全体の得意先の信頼度も上がり「クリエーティブ軍団」として思い出に残るたのしい仕事がかなり経験出来たと確信している。羽場先輩のもと、チーム全体の目標感が一致していたためだと思う。


大事なことは、普段の得意先との何気ない会話から自主プレに繋げ、結果的に仕事という形になったケースだが、「競合プレゼン」になる前に「自主プレゼン」にする気概が大事なのだと信じていた。

なぜちゃんとしたオリエンテーションがないのに成功する企画が出来るのか。それは何気ない得意先の言葉が、立派なオリエンテーションだと認識するかどうかに掛かっているのだ。聞き出そうとする気持ちがあって、得意先（取引先）との何気ない会話も神経を使って受け止めれば、それは日常のしっかりした自分たちへのオリエンテーションになり、ひいては強力な営業活動に繋がり、行動の組み立て如何で、良い結果が出ることに繋がった。ほかの業界の営業の方々にも参考になるエピソードではないだろうか。

「その企画はチエカネになっているか」

私たちが現場で教わったのは、「知恵」を「お金」にする力。知恵だけがあるのではなく、知恵は「お金」を生まなければならない。得意先のためになる「お金」に。それはつまり生活者のためになる「お金」に。そして同時に自社のためになる「お金」に。知恵をお金にする力を略して「チエカネ」と言った。

知恵は商品に向けられて、また、生活者に向けられて、それは得意先の成果に向けられて、最後は我々の会社の成果になる。

「その企画はチエカネになっているか」

が、企画内容のチェックの合言葉だった。

その一言が得意先との信頼感が生まれる一歩であると教えられたのだ。同じような意味で、いつも「一粒で二度おいしいという企画を考えること」と先輩営業に尻を叩かれたものだった。「一粒で二度おいしい」。お菓子のグリコの昔のキャッチフレーズを踏まえての考え方だった。

話は少しそれるが、最近まで博報堂はそのビジョンを「未来を発明する会社へ。」としていると聞く。生活者はデジタルネットワークでつながった「行動する主体」「発信する主体」になった。「発明」という言葉は、コミュニケーションを超えた具体的な商品、サービス、システムや仕組み、事業やメディアまで作る会社になること。提案された企画に「その企画は未来を発明しているか」が合言葉になっていたようだ。現在は、「クリエイティビティで、未来をつくる。」正解より別解と、時代は超スピードで進んでいる。

チームの誰かの案で宣伝部と取り組んだ新しい飲み方提案で、ブランデーVSOPの水割りを流行らせたいと企画作業が始まった。ブランデーの水割りの啓蒙キャンペーンなので、まずは雑誌広告の企画からスタートした。結構、その企画が酒販店などの流通や、銀座のお店などで話題になり始めたので、即座にCM企画を自主提案することになった。CMはおもいきり目立つ広告企画で、ハリウッドで撮影することになった。(ここが八〇年代の広告作りのパワフルなところだったのだが……)。

ストーリーは、とある古い高層ビルのパーティーでブランデーを水割りにして飲もうという時に階下で火事騒ぎ。カクテルドレスのまま、非常階段から逃げながら火事で駆けつけた消防士の消防ホースで、水割りの水を注いでもらうという、奇想天外で大仕掛けなCM企画になった。当時流行のディスコミュージックに乗せて、楽しいシーンのミュージカル風CM

作品になったのだ。

グラフィック広告は「水割りで飲むブランデー」というおとなしいコピーだったが、CMでは「ブランデー水で割ったらアメリカン」。なぜか五七五の調子で、耳に残るコピーとして人気CMになり数年間のシリーズになった。


営業チームの仲間が、このCM音楽を『ラブ イズ VSOP アメリカン』という楽曲名で音楽出版した。無名のスタジオミュージシャンなので、「ディスコJ・J・S」と三人のミュージシャンの頭文字を並べたアーティスト名でレコード界に挑戦した。営業チームとして新しい印税収入などのビジネスチャンスになったのだ。次回作の女優のシェリル・ラッドの出演CMでも同じように、『ダンシング・アメリカン』という楽曲名で音楽出版をしたのである。われわれチーム総動員でチエカネを楽しんだビジネスになった。

やがて「スプリッツァー」という白ワインのソーダ割りがニューヨークで流行っている情報を得た。同じような啓蒙キャンペーンを二月や八月のスポットの安価な時期のバイイングという考えかたを踏まえて行った。これも数年にわたるシリーズ広告になった。

「クリエーティブを扱い獲得のキリクチに」という宮川局長の発想に、何とか応えられたと今では自負している。

私がチームを去る数年前には「クリエーティブ営業」というカテゴリーが、社内外に認知されるまでになった。もう単なる制作担当ではなくなったのだ。いわゆるプロデューサー感覚が必要になってきたのだ。その意味で新しい営業スタイルを作り上げる努力が実ったと思っている。つまり羽場チームで活かされたこの経験はクリエーティブを軸にした新しい営業スタイルになり、後に続く後輩たちもこの営業スタイルを踏襲してチーム一丸になった仕事になった。それゆえ長い間、羽場先輩をチームリーダーとして元気なチームとして時代の波に乗ることが出来たのだ。

加えて忘れてはいけないのが、得意先のサントリー宣伝部の方々との足並みの揃ったチームワークで、すべて信頼のハーモニーを育めたことが一番の宝物だったのに違いない。

「ちょっと三十秒だけ、ひとことといいですか」

八〇年代、社会も、広告業界も、みんなが同じ坂道を駆け上がっていた。そんな毎日で、広告マンとして羽場チームに加わって学ぶことが多かった。

ある日、羽場祥修さんは得意先のロビーで、

「ちょっと三十秒だけ……、ひとことといいですか」

と言って宣伝部の辰馬通夫さんや、そのほかのキーマンに迫る話術を持っていた。確かに重要な話が三十秒で出来るわけがない。

「なんやね？」

と、なぜかキーマンは足をとめて羽場先輩のささやきを聞いてくれるのだ。当然、得意先のキーマンとの間には長い間に築いた信頼関係があるからだ。羽場先輩がそういう発言をしたときは、何か面白くて良い情報があるはずだという前提で足を止めて耳を傾けてくれる。特別な信頼関係でないと成立しない「つかみ」だったと思う。なかなか誰でも真似できる技ではないと思った。私は「ひとこと」で伝える大事さを羽場先輩から学んだのだ。

これは羽場さんの、極めつきのひとことだった。

「バドワイザー」の四社競合プレゼンの時だった。一次プレゼンを通過すると二次プレゼンでの決戦が控えている。一次プレゼンが終わったあと、バドワイザーのマーケティング責任者が、

「プレゼンの最後になにか付け加え、言いたいことがありますか」

と英語で質問された。

「シー・ユー・アゲイン（また会いましょう）」

いきなり、プレゼンリーダーの羽場さんが答えたのだ。

つまり、一次プレゼンに勝ち残り決戦プレゼンで、また会いたいですという決意表明の「ひとこと」だった。その言葉通り我々は決戦プレゼンに残り「ＮＯ．１が好きだ。バドワイザー」

という表現コンセプトで勝利した。

これに対して競合相手の電通は「This is AMERICA」という古き良きアメリカを表現コンセプトにした作戦だったようだ。どちらも正しいアプローチだったかもしれないが、結果的には「NO．1が好きだ」という巧妙な言葉が得意先の心をつかんで我々のチームが勝利したのだ。このコピーは後に社長になった戸田裕一さんが書き、決定打になった。

本来であれば「そもそも弊社は……」などとプレゼン内容の総括などで強力なアピールなどに走りたいところだ。しかし英語にはあまり強くない羽場さんの一瞬のひらめきの「シー・ユー・アゲイン（また会いましょう）」の「ひとこと」は広告会社の営業が日頃から準備しなければいけない得意先の心をつかむ営業的センスの一つだと思う。瞬間的に空気を読み、その場でそれまでの会話の流れを一瞬に捉えて、反射的に「ひとこと」に結び付ける能力を備えていることが大事だということだ。

この羽場さんの見事な瞬間芸は、どんな営業場面においても大切な心掛けのひとつにしなくてはならないと思った。


最近、博報堂を訪問してクリエーティブ出身の元社長で、当時は相談役の東海林隆さんとある案件での懇談が終わり、サントリー時代の当時のクリエーティブ軍団の話題になった時、「そうだよ。あの頃の羽場は光っていたな」と、思わず自分のことのように笑みを浮かべて答えた。

つまり広告会社の当時の上位者として得意先サントリーを攻めまくっていた頃の羽場チームのことを、よく覚えていらしたのだ。その言葉はクリエーティブ軍団としての一員だった我々も「光っていたな」と言われたようで、少しうれしい思いをした覚えがある。


かつてサントリーチームのデスクとして、笑顔で我々わがまま集団の世話をやいてくれ、後に秘書室へ異動し、副社長、社長、会長の担当秘書だった荻島こずえ女史が、リタイアをするのでお祝いの会が開かれた。その席には当時迷惑をかけまくったサントリーチームの代表的な担当者たちが四十名もお祝いを兼ねた同窓会として集まった。

現役時代の常務経験者や、引退後も広告業界で現役生活を続けている者、カメラ片手にいい写真を撮っている者、ゴルファーまがいのゴルフ生活を楽しんでいる者、家業を引き継いで早期退職をした者、九州から駆けつけた元支社長もいる。

同時に現役社員で営業担当常務、営業畑や管理畑の多くの局長たち、元気に現場を闊歩している現役社員たちと、今も昔もなく、まがいもなく昔のサントリーチームの担当営業の一員たちで渾然一体としている。その宴会の場は一気にタイムトリップして、三十年前のあのクリエーティブ軍団に戻っていた。

その日の主役の荻島女史の傍らには、すでに白髪になった羽場祥修さんが控えめに後輩たちと思い出話に浸っていた。

その存在は三十年前のチームリーダーの姿そのものだったが、その後、我々世代の仕事を引き継いだ、今では役員とか部門長になった後輩達を引き立てるように、決して前に出ず、落ち着いた雰囲気で静かに後輩たちに囲まれていた。

広告があんな勢いをもっていたすごい時代は、二度と現れないと参加者全員が感じていたに違いない。改めて我々営業チームは、凄いクリエーティブ軍団だったのだ。

金楽会さんは、韓国財閥グループの生え抜き社長。

「一週間、研修の担当責任者になってもらう」


「初めまして、韓国の第一《チェイル》企画の金楽会《キムナッケイ》と申します。『金《キム》』に楽しいの『楽《ナク》』、会うの『会《フェ》』で、キム・ナクフェですがキム・ナッケイと呼んでください」

第一営業局第一営業部のサントリーチームの部会で、私は金楽会さんに初めて会った。それから今日に至るまで三十五年以上のお付き合いになるとは、その時は夢にも思わなかった。

一九六〇年（昭和三五年）に博報堂は国際的ネットワーク強化の中で、マッキャンエリクソンとの合弁で「マッキャンエリクソン博報堂」を設立した。続いて一九七三年（昭和四八年）には韓国の最大手の広告代理店の「チェイル企画」と協力関係を結び、その後、十年ほど経ってから研修生の受け入れを始めた。

一九八四年（昭和五九年）四月から第二回の研修生として金楽会さんは半年間、博報堂本社で研修を受けた。まず新入社員の合同研修に同席し、五月から三ヶ月は国際局で研修を受け、八月から国内現場の営業局、ＰＲ局、ＳＰ局などの順番で研修を受けた。社内の営業局体験は、一番先に回ってきたのが我々の局の我々の部であった。第一営業局第一営業部はサントリー担当の部であった。

「ちょうど、今週はサントリーの制作業務が立て込んでいる。間宮に一週間、研修の担当責任者になってもらう」

チームリーダーの羽場祥修さんが部会で金楽会さんを紹介した後、続けて言った。ちょうど、女優の大原麗子さんが広告出演しているサントリーレッドの撮影の準備がピークの状態だったからだ。社内の企画内容の確認会議、宣伝部との詳細について確認会議、プロダクションとの段取りの確認、女優の大原麗子さんとの段取り確認など、その週に行う東宝撮影所での撮影の準備に大わらわだった。

金楽会さんは語学力については、まったく問題がなかった。当時では珍しいほど日本語が流暢に話せるので、部の仲間や仕事に参加するスタッフに関しては、ほとんど言葉の壁がなく、受け入れ側の我々には語学的な負担はまったくと言っていいほど問題はなかった。

一連の打ち合わせに同席すれば、広告が制作されるまでの工程が理解できる。羽場さんは座学よりも現場体験の方が、より研修としては効果的だと判断したのだろう。当然、羽場さんも随時会議には同席するので、自身としても研修の場面に立ち会えることになる。

研修中の間は毎晩のように仲間とおいしい店で懇親会をしたことも、まるで昨日のような思い出である。

「ロマンチックが、したいなぁ」と、グラフィックのコピーを書いたコピーライターの糸井重里さんとも打ち合わせで懇意になれたのだろう。そのご縁で、数年後の新潮社の広告キャンペーン「インテリげんちゃんの、夏やすみ」という糸井さんの企画が韓国の済州島《チェジュド》で撮影された。このロケの現地調整にプロデューサーとして金楽会さんが、参加したというおまけの話も生まれたのだ。

研修中で聞いた印象的な話があった。日本には無い徴兵制についての話だ。金楽会さんは、西江《ソガン》大学に入学して二年生になった時に兵役についた。韓国では高校を出てすぐ入隊するケース、大学を卒業してから入隊するケースなどもあるが、金楽会さんのように大学へ入学してから入隊するケースが一般的なのだ。

金楽会さんは江原道《カンウォンド》（県にあたる）の韓国映画でよく見るような非武装中立地帯（ＤＭＺ）の最前方部隊で銃を構えて国を守っていた。

当時はあまり話題に上らない軍事境界線、いわゆる三十八度線のことなのだ。

「北朝鮮警戒所から韓国向け威嚇の巨大な音が響いて聞こえてくる。天気の良い日には望遠鏡で北の兵士の姿もくっきり見えて毎日緊張の連続だった」

平和な生活の中にいる我々にとっては、いきなりは想像もつかない話だった。

それだけ祖国にとって重要な場所で国を守るという信頼できる優秀な兵士であったという証明なのだ。

韓国には「三八六世代《サムパルユク》」という言葉がある。当時年齢が三十歳代で、一九八〇年代に大学に学び、一九六〇年代に生まれた世代を指す。全斗煥《チョンドファン》政権の一九八〇年代以降、学生運動に加わり韓国民主化の原動力になった世代のことだ。その一世代上にあたるのが「七〇八〇世代《チルゴンパルゴン》」で「三八六世代」よりは数が少ないが、やはり一九七〇年代、一九八〇年代に大学に在学して韓国の民主化運動に積極的に参加した世代だ。収監されたメンバーも多いが、その後社会の中核になった優秀な人材が多いという。金楽会さんもその中で活躍した一人だった。

後に私が韓国に赴任して知識を得た逸話だ。

金楽会さんが営業部長の頃に来日した時に再会したが、お互いに多忙の中、名刺交換したほどであまり記憶がない。

「これが昔、研修でいただいた間宮さんの名刺です」

私と金楽会さんの本格的な再会は一九九九年七月、私が韓国の博報堂ソウル駐在員事務所の初代所長として赴任した時から、お付き合いが再び始まった。

事務所の開設準備で出張した七月一日、新羅ホテルで行われた両社幹部の食事会の時だった。参加者は博報堂の磯邊律男会長、神保智一取締役、営業開発室長と私、チェイル企画は裴種烈《ベジョンリョル》社長に鄭先鐘《チョンソンジョン》常務と金楽会常務と姜哲中《カンチョルジュン》国際局長の八名の参加の宴会だった。

宴もたけなわの時に金楽会さんはポケットから一枚の名刺を出して、

「これは、私が初めて博報堂の研修でいただいた間宮さんの名刺です」

明らかに第一営業局第一営業部アカウントディレクターの名刺である。

「私は国内担当の役員なので、公式的には国際担当の鄭常務が両社のお付き合いは担当しますが、私は間宮さんの韓国での個人的なサポートを心がけます」

と、あわせてコメントしてくれた。

「これは、うれしい。そういう方がチェイルにおいでになるなら、間宮君は安心だ」

磯邊会長は今回の人事を自分のことのように本当に喜んでくれた。

十月二十九日、日韓のビジネス上の重要な方々を招いて新羅ホテルで行われる博報堂のオープニングパーティーで、再び磯邊会長がソウルに見えたときに、同じく両社の幹部の会食時に、今度は私が金楽会さんの研修時と部長の二枚の名刺をお見せしたという逸話も残しながら、私の五年間にわたる韓国の赴任生活が始まった。

赴任期間中は公私にわたり数えきれないほど我々のお付き合いがあった。

赴任して間もない頃の、いまでも忘れられない思い出は冬のゴルフの話だ。

十二月初めに金楽会さんと国際担当の鄭常務は、赴任早々の私と友人の中から日本航空のソウル支店長をゴルフに招いてくれた。

朝ゴルフコースに着くと、気温はマイナス八度だった。日本では想像もつかない寒さだが、何の躊躇もなく普通の段取りでスタートした。残り百ヤードを、いつもの通りピッチングアイアンで打つと、ナイスショットがアイスバーンのグリーンにナイスオンしたとたん、ボールはピンポン玉のように弾んでOBエリアに飛び出した。

「なんというゴルフだ！」と驚いた。

ゴルフを終えて帰り際、暖かくなったとは言え、それでもようよう八度のありさまだった。

この経験で私は一二月から三月末までは、どんなに誘われても韓国での真冬のゴルフは断った。ただ、日本に一時帰国した時は、比較的暖かい房総でのゴルフなどは問題なく楽しんだ。

私が韓国に赴任中は、提携業務は会社対会社として国際チームを通じて円滑に進めていた。しかし、プライベートは別だ。たとえば韓国の広告業界情報や日韓サッカーW杯情報など、韓国在住の広告人として、日本の業界紙などから原稿を依頼されることが度々あった。そんな時、日本に発信すべきトピックスについては、金楽会さんは親身になって貴重な情報提供をしてくれた。大変ありがたいサポートをいただいたのだ。

私が五十八歳の時に、日系の新規得意先対応で、赴任早々に立ち上げた「博報堂チェイル」に続いて、二つ目のデジタルに強い現地の広告会社を、短期間で立ち上げることになった。その候補案について、影ながら金楽会さんに情報支援していただいたおかげで、わずか三ヶ月ほどで現地法人の候補が見つかった。「ComOn21」がその会社で、二〇〇二年三月、本社スタッフの協働により博報堂が約四十四%の資本配分で早々に設立が出来た。

現地企業の経営者が社長で、役員が全てチェイル企画の出身で、本社も安心して了解に達したのだ。私は駐在事務所長兼任のまま副社長を務めた。

こんな話があった。韓国での第二海外拠点の設立に際して、博報堂の国際担当の役員がチェイル企画の裵東萬《ペドンマン》社長に表敬訪問した時に、

「ComOn21 の設立に関して、陰ながら情報提供など金楽会専務に大変お世話になった」とお礼を述べた。

その一言が「立場を忘れて余計なことをしてくれたな」と経営管理担当常務の勘に触り、ちょっとした内紛にまでなったが、金楽会専務は、何事もなかったようにさらりと即座に解決したのだ。一番ホッとしたのは、他ならない情報支援を戴いた当事者の私だったのだ。

ソウルに赴任中は、本社から懐かしい出張者が来ると金楽会さんは一緒に会食をしてくれた。また子会社の博報堂チェイルの陽敏朗副社長と共通の地元マスコミの友人との定期的な会食や、私の親しい友人知人などとも肩の凝らない会食なども時間の許す限り参加してくれた。このように公私にわたりほぼ毎月のように、楽しく親しいお付き合いが続いた。

一度、金楽会さんの江南《カンナム》にあるご自宅に招かれた時に、書斎から分厚いアルバムを出してきた。全て博報堂の社員との記念の写真アルバムだった。スナップ写真あり、記念写真あり、日本国内を一緒に旅をした写真も出てきた。初めての博報堂の研修でのスナップ写真には、若い頃の私の姿もあった。テーマ別にきちんと納めてあるので、博報堂のこんな先輩たちともこんな交流があったのだと、いつ誰と、どんな会合か一目瞭然にわかるのだ。すごい整理能力だと驚いたことがあった。そんな個人的なお付き合いが、本当に長く続いていた。

二〇〇四年（平成一六年）五月に私は、五年の赴任業務を全て終えて本社に帰任し、八月には定年退職した。

博報堂を定年退職してほぼ半年後の二〇〇五年（平成一七年）三月から五月まで、五年間お付き合いしてくれた韓国の友人知人たちへ感謝の意を込めて、鎌倉からソウルまで八十日間、二三二八キロの感謝の徒歩の旅を計画し実行した。このことは拙著『鎌倉－ソウル2328キロを歩く』（講談社＋α新書）に詳しい。

徒歩の旅が始まると、金楽会さんは何度も携帯電話に励ましの連絡をくれた。

「足の指のマメよりも、足の裏が必ずはれます。足の裏が破けたら大変です」

特に旅の初めの頃に、軍隊時代に二十五キロのリュックを背負い、深夜の行進をする訓練で得た貴重な体験を話してくれた。軍隊のような厳しい訓練を受けることのない日本人からは、決して得られない貴重なアドバイスだった。

徒歩の旅の最終日は、当時、私の韓国語の家庭教師だった金玉姫《キムオクヒ》教授が待っていた、韓国外国語大学から到着地の旧市街のソウル市庁舎までのラストウォークの一日となった。なつかしい友人や、「ComOn21」など、ゆかりのある会社を訪ねながらゴールに向かうことになっていた。午後の後半には、ゴールのわずか五キロ手前の梨泰院《イテウォン》通りにある「チェイル企画」に到着した。裵東萬社長、金楽会副社長が、たくさんの馴染みのある社員たちが、わざわざ階下のロビーで大きな花束を準備して歓迎してくれた。素晴らしい思い出の瞬間だった。

前日から同行取材してくれたKBSラジオ日本語放送「ソウルレポート」の女性記者から金楽会さんは、長い日本語のインタビューを受けて、私の徒歩の旅を賛辞の言葉で飾ってくれた。

その後も折あるごとにソウルを訪問すると、ピンポイントのリクエストにもかかわらず時間を割いて一献の機会を作ってくれた。

「ソウルで会えなくて、ここで会うなんて偶然ですね！」

二〇〇七年（平成一九年）に金楽会さんは、チェイル企画の社長になった。

三星グループの中で一般公募の社員から常務、専務、副社長まで昇りつめ、三星グループからの持ち回りの社長ではなく、広告会社で唯一の生え抜き社員が社長（CEO）になったのだ。

二〇〇七年二月はじめ、金楽会さんの社長就任のお祝いのためにソウルを訪問した。

お祝いの品として高額な背広の生地や高級万年筆などは、どこからかいただいているだろうと思った。私なりの独創的で印象的な贈り物は何かと、先輩の広告人として考え抜いた結果、直径四十センチほどの真新しい檜の樽に大量の入浴剤のパッケージを詰め、粋な日本手ぬぐいを添えてセロファン紙に包み差し上げることにした。

「忙しくて疲れたときは、まっすぐお帰りいただき、ご家庭でゆっくりとお風呂につかって疲れを吹き飛ばしてください。もちろん、奥さまもお使いください」とメモをつけて……。

問題なく品物の調達はできた。これをいつもの旅行用のバゲージにおさめたまではいいが、キンポ国際空港の税関で「バゲージを開けて」と言われたら、中身は色のついた粉ばかりで通関では厄介なことになるかもしれないと心配した。

心配は杞憂だった。無事に通関してプレゼントとして持参することができた。このような時は、いつでもユニークなプレゼントになるように考える習慣が、広告会社時代から身についていた。

ある時は、お嬢様の結婚祝いを何にするかと悩んだ。この時は有名な陶器の店で夫婦茶碗を手に入れた。これも、ひらがな文字の模様で夫婦の幸せを祈るような文言を選んだものだ。入浴文化や陶器の夫婦茶碗などは韓国では珍しい風習かなと、少しだけ知恵を絞ったのだ。

それからの私はソウルを訪問しても、多忙な社長業の中で迷惑をかけると思い、ピンポイントの夜の約束の申し入れはしないことにした。

それは金楽会さんのライフスタイルとして、昔から早朝に市内の新羅ホテル内のスポーツジムに汗を流しにいくことを聞いていたからだ。そのあと、一人でホテル内のレストランで軽い朝食を取って、梨泰院通りにあるオフィスに向かうのだ。

そこで金楽会さんとは、ソウル滞在中の朝の都合の良い日のアポを取りあうことに変えたのだ。幸い私のソウルでの定宿は、新羅ホテルにタクシーで五分もかからない。徒歩でも往復できる距離だ。なんといっても朝食会なので当然酒は飲まない。わずか一時間余りの懇談の内容は必然と濃くなる。

私の宣伝会議の講義に必要な日本の最新の広告業界の情報は、韓国の広告会社の金楽会さんにとっても、少なくとも参考になる話だ。時には片手にメモを準備して懇談することもあった。夜でなくてもソウル訪問時には、早朝という形であれば、必ずと言っていいほど、ちゃんとお会い出来ることは、私にとってうれしいことだった。夜の一献の約束よりは双方にとって、より実質的な会合になったと思えた。


ある時、私がソウル経由で鎌倉市と姉妹都市提携を準備中の慶尚北道《キョンサンポクド》の安東市《アンドン》へ行く際に、どうしても私と金楽会さんの朝の予定が合わないことがあった。金楽会さんは広告業界の研修旅行でしばらくソウルを留守にするという。

残念に思いながら、私はそのまま安東市に向かった。安東の郊外に「河回村《ハフェマウル》」という世界遺産に登録された両班《ヤンバン》（昔の貴族）の子孫が、いまも暮らす伝統の村がある。河回村からは目の前にそびえる「芙蓉台《プヨンデ》」の、眼前に覆いかぶさるような景色を楽しめる。

河を挟んで「芙蓉台」の丘の上からは対岸の河回村全体が望めるのだ。村から芙蓉台までは小さな渡し舟がある。

岸辺の向こうに、なぜか観光客にしては背広姿の一行の姿が見えた。桟橋の先頭で私に向かって大げさに手を振っている人がいた。金楽会さんだ。

「間宮さんではないですか！」

「金楽会さん！　しっかり見えますよ〜」

「ソウルで会えなくて、ここで会うなんて偶然ですね！」

何とソウルでは予定が合わなかった二人が、ソウルから三百キロ以上も離れた安東の河回村で会えるなんて、あまりの偶然である。渡し舟の乗換の少ない時間だったが、偶然の邂逅にしばし興奮気味にしゃべった思い出がある。二〇〇八年（平成二〇年）三月二十二日、ようよう春めいた昼の出来事だった。偶然の賜物だ。世界は狭い。

二〇一七年（平成二九年）五月。金楽会さんからご夫婦で、東京経由で数日間の京都旅行をするとの知らせが届いた。

食事会の当日、昔の博報堂本社のあった神保町を幹事に案内されて、近代的な高層ビルの一角に、明治の香りのする昔の本社の〝正面外観〟が残されているのを見て、大変感激されたようだ。金楽会さんも研修で昔、訪問した元の博報堂本社があった神保町で懐かしい中華料理店にご夫妻を招いて七名の親しい仲間が旧交を温めた。

今回の旅は奥さまと京都をゆっくり回りたいので、良い情報があればありがたいと連絡を受け、京都観光のおすすめコースやおすすめの店を教えてほしいとのことだった。ソウル仲間で現在京都在住の友人や、京都生まれの鎌倉の友人から詳しい情報を集めて案を作り上げ、旅行雑誌のポイント情報になる説明に付箋をつけて事前にソウルへ郵送した。私自身の京都旅行の際にも有効な情報にあふれるレポートが出来たのだ。

こうして金楽会さんを囲むように、いまでも集まってくる博報堂のファンがいるのは、彼の誠実で温厚な人格に負うところが大きいからだと改めて思う。

「広告業界の本を、書いたので送ります」

金楽会さんは、チェイル企画の社長（CEO）を退任したのちに一冊の本を書き下ろした。『決断が必要な瞬間』という著書である。

金楽会さんは有名な財閥グループの中で、一般公募の社員から社長まで昇りつめ、広告会社で唯一の生え抜き社長になった。

「チェイル企画」の初のケースになった主人公である彼は、数十年の現場の広告企画者として生きてきた自身の目から見て、近年の若者には多くの問題を感じているようだ。自分の決断に確信を持てなかったり、責任を逃れようとしたりする若者が多く目に入り始めたからだ。

会社に迷惑を掛けることは、同時に自らの成長を塞ぐことに繋がる深刻な問題なのだ。特に財閥グループの一員としての韓国独特の感じ方なのかもしれない。

そんな若者に対して金楽会さんからの助言は「決定障害の現代人、決断の原則を訓練しよう!」ということだ。自分自身、守るべきことがよくわからない時は、自分に、いつも七つの質問を繰り返したという。


プライドを守ろうとしているのか、誇りを守ろうとしているのか。

原則のある柔軟さなのか、原則のない乱雑さなのか。

苦悩しているのか、回避しているのか。

情報だけを見ているのか、情報の向こうにある何かを読み取り洞察できるのか。

アイデアに過ぎないのか、実現可能なソリューションなのか。

言葉だけの素直さか、愚直な誠実さなのか。

ヒエラルキーのための文化か、人のための文化なのか。


自らにこんな質問を繰り返しているうちに、いつの間にか決断の方向が見えて、それを具体化することができたという。

大事なことは、生きてきた日々か、生きていくべき日々か。

広告人キム・ナッケイ、CEOキム・ナッケイ、人間キム・ナッケイ。そして興味深い経営の裏話、現職の広告企画者としての経験と、経営者としての苦悩。書籍をまとめる上で人文学の古典から助けを得たという。

私は韓国語の本文をしっかり読みこなしたわけではないので、直接お会いした時に著作のエッセンスを聞いてみたい。これからも元気に、広告人を離れた立場になっても、長いお付き合いを続けていきたい方だ。

学園の西尾榮男《にしおてるお》先輩は、ステージ界のドン。

「CM音楽はゴダイゴやで」天の声が降ってきた。

西尾榮男さんは、和光学園で私の三級上の先輩だ。つまり三歳年上の先輩で、私の生きぬいた業界の先輩でもある。私の二級上には音楽家の三枝成彰（成章）さんがいて、一級下には歌手の田辺靖雄さん（やっちん）がいる。三枝さんは世界的なオペラ作家で、やっちんは、いまや懐メロ歌手ではなく、初代を東海林太郎さんが担った社団法人「日本歌手協会」の八代会長なのだ。

さらに西尾さんの二級上にはあの平尾昌晃さんや山下敬二郎さんと並ぶ元祖和製ロカビ

リー歌手のミッキー・カーチス（マイケル・ブライアン・カーチス）さんがいて、かつてはそれぞれテレビやステージで華やかな活躍をしていた。最近は昼間のドラマ『やすらぎの刻』で毎日のように見かける。

更に西尾榮男さんは和光学園理事、和光学園同窓会会長なのだ。これについては後半で述べたい。

あるとき、サントリー宣伝部の辰馬通夫さんから大事なオリエンテーションがあった。従来のビール広告の日本全国のオールターゲット（全ユーザー対象）の戦略から、都会派の若者にコミュニケーションターゲットを絞るという思い切った戦略変更だった。

簡単に言えば、日本のお父さんたちには、和室の卓袱台の上にある冷えたキリンビールを楽しんでいただき、都会派の若者たちには、リビングで白木のテーブル、ベランダには緑の観葉植物の風景の中でサントリービールを楽しんでほしい。言い換えれば、当時のニューライフスタイルの提唱だった。

「僕たちのビールは、これだ。」

クリエーティブディレクターの西村佳也さんの若者たちに訴えた思い切りのいいコピーが年間スローガンに決まったのだ。

CMソングについては天の声付近から「CM音楽はゴダイゴやで」と、我々のところへ強い要望が伝わってきた。若者ターゲットに戦略を変えたビール広告には強烈なCM音楽が必要と考えていた。天の声に応えるためには前に突進するしかない。

ゴダイゴとは当時日本の音楽シーンの中、新しいロックバンドの草分け的存在で、立て続けにヒット曲を世に送り出し、日本の音楽に多大なる影響を与えたグループのことだ。

交渉役の私と音楽プロダクションの和田さんは、ゴダイゴの音楽プロデューサーのジョニー野村さんに会いにいった。CMタイアップの趣旨を説明したところが、タイミング悪く既にゴダイゴは、競合会社である食品メーカーと年間契約を済ませたばかりだった。タッチの差だったのだ。いきなりの試練が始まった。

そのゴダイゴの打ち合わせ現場は外国人メンバーが多く、東京外国語大学出身のタケカワさんはじめ、グループの中では、全ての会話が英語だった。私も英語でしゃべることをタケカワさんから促される雰囲気だった。

そして、なんと音楽プロデューサーのジョニー野村さんの横にいたのが、西尾榮男さんだった。ゴダイゴのステージは西尾さんの「綜合舞台」が全て担当していたからだ。

困った私たちにジョニーさんが、タケカワユキヒデ一人だけなら契約が可能だよと言ったのだ。ちょうど『ハピネス』をシングルカットする寸前だった。私たちは、タケカワさんのソロの出演の方がこれから構築する映像にもぴったりマッチすると考えた。ただし天の声からの要望を実行するためには、譲れない交渉として「タケカワユキヒデ（ゴダイゴ）」と（ゴダイゴ）の表示を入れてほしいと粘りに粘ったのだ。これなら天の声の要望にも応えられると判断したからだ。その粘りに対してジョニーさんが全ての問題を調整してくれて、サントリービールの歌が誕生した。

しかし、ここでまたひとつの難問に気がついたのだ。（ゴダイゴ）の表現はＣＭや新聞広告、雑誌広告、ポスターの文字での表示は問題なく表示できるが、ラジオＣＭでは（ゴダイゴ）を伝える方法がない。困った私たちは、ラジオＣＭだけは「（ゴダイゴの）タケカワユキヒデが歌うサントリービールの歌」と伝えるしかないと強くお願いした。ラジオＣＭだけ（ゴダイゴ）抜きでは、画龍点睛を欠くという言葉の通りになってしまう。

ここは営業としても、何とか粘りぬいて交渉を続けた。これもなんとか粘りの交渉の結果、ジョニーさんが見事に調整してくれた。

天の声に応えるためには、その目的は最後まで決着させる気持ちを捨ててはならない交渉だった。一種の根気ある突破力が必要だったのだ。

しかし、私が西尾榮男さんと学園で親しい先輩後輩関係にあったことは、ジョニーさんの信頼を勝ち取る大きな要因になったことには違いない。一度断念しなくてはならない状況を願い通り復活させることができた。これも好運に恵まれたひとつの例に違いない。その年のビールのCMは、スタジオで『ハピネス』を歌い上げるタケカワさんの清々しいシーンで始まった。

「みんな！『ハピネス』を使ってくれた間宮さんだよ」

二〇一六年（平成二八年）四月、上野の東京文化会館でGODIEGO（ゴダイゴ）のデビュー四十周年コンサートがあった。

東京文化会館は、通常はクラシックの演奏しか公演できない会場なのだが、この公演は約八十名のビルボードクラシックスの混声コーラスとのコラボで素晴らしいコンサートとして、この会場での公演が成立したのだ。

このステージを任されていたのが、舞台照明・音響・映像などを核としてステージ・プロデュースを手がける「綜合舞台」なのだった。

という経緯で、さっそく西尾さんから当日のコンサートの招待状をいただいた。

二時間半のコンサートはタケカワユキヒデのボーカルを中心に、ミッキー吉野、スティーヴ・フォックス、トミー・スナイダー、浅野孝巳、吉澤洋治など懐かしいメンバーがそれぞれのパートをフィーチャーしていた。おなじみの『モンキーマジック』『カトマンドゥー』

『ビューティフルネーム』『セレブレーション』が圧倒的に会場を沸かせていた。

会場は青春時代に戻って感動的な企画に圧倒されていた。『ハピネス』の演奏はなかったが、『ハピネス』をビールのCM音楽にした頃のいろいろな場面を思い出しながら、あっという間にコンサートは終わった。


楽屋のタケカワさんに挨拶するために、ロビーで西尾さんと落ち合いステージ裏のけもの道を歩いていると、舞台をかたづけるスタッフたちが、西尾さんに向かって作業の手を休めて深々と礼をするなか、私たち二人は一番奥にある楽屋に向かった。西尾さんは社員数二百名の「綜合舞台」の社長以外に、日本照明家協会の理事長（当時）も兼ねている。

いつもの学園で見せる姿と違って、西尾さんは私の理解を超えて、ステージ界の「ドン」とか「重鎮」の存在だと改めて感じたのだ。


「あっ、間宮さん。久しぶりですね」

既に私の確認したい原稿を読んでくれていたタケカワユキヒデさんは、楽屋で時空を超えて、いつも会っているような感じで私を迎えてくれた。

「その節はお世話になりました」と私。

「原稿を読みました。当時のことをよく覚えていましたね」

西尾さんの計らいで、こうしてお会いできるのは、かれこれ三十六年ぶりなのだ。

「みんな！　ハピネスの楽曲を使ってくれた博報堂の間宮さんだよ」

タケカワさんは狭い楽屋で、関係者やご家族のお嬢さんたちに紹介してくれた。少ない時間だったが、昔の細かい打ち合わせや録音現場でのエピソードを思い出しながら楽しい時間が過ぎた。

その間、気がついたら西尾さんはひさしぶりの私とタケカワさんの邂逅を邪魔しないように、ご自分でセットしたにもかかわらず楽屋の外でじっと待機してくれた。その先輩の細かい神経の使い方にも驚き、深い敬意を表したものだ。

ロビーで買い求めたサイン入りのＣＤは愛車の中にあり、ロングドライブの時にはゴダイゴのサウンドに合わせて走行している。

私が韓国ソウルに赴任中に、西尾さんから連絡が入った。二〇〇三年（平成一五年）八月ことだった。

「私たちの舞台プロデュースも国際的になった。グローバルなネットワークの必要が出て、まず韓国マーケットの研究がしたい」とのことだった。

ただちに私は韓国で提携する広告会社のチェイル企画の役員の金楽会さんを通じて、音楽関連の舞台プロデュースの情報とその代表的な業者を調べた。

その資料を基に、西尾さんは数件のパートナー候補との面接を行った。残念ながら結果的には、その後、西尾さんは中国とのパートナー契約に踏み切った。

日本に帰国する前に西尾さん一行の観光案内をした。

「観光コースは、君に任せる」

と、赴任時代に上司や仲間たちから言われた場合は、いつも私は「昔の韓国」「今の韓国」「現実の韓国」の三点セットで案内することにしていた。「昔の韓国」とはソウルから南に一時間のところの水原《スウォン》にある韓国民俗村、八達山《パルダルサン》の世界遺産華城《ファソン》という古城がある。「今の韓国」とは市内の梨泰院、明洞《ミョンドン》、狎鴎亭《アックジョン》のファッション街を案内し、「現実の韓国」については板《パン》門店《ムンジョム》、臨仁閣《イムジンガク》など三十八度線の軍事境界線近くまで案内するのだ。

午前中に行けば光線の関係で北朝鮮国内の建物、車、時には人間の姿などの景色がしっかりと見える。午後の案内になると逆光になり景色はぼんやりとしか見えない。光を大事にする照明の仕事の先輩にも、こういう神経の使い方は業界の後輩としては、大事な心配りなのだった。

「子供は百四十人、先生は十人でマッチ箱のような一つの校舎で足りるのだ」

『中学生・明日に生きるもの』（東洋館出版社刊）は丸木政臣・石川清両先生の共著による

当時の我々中学生のありのままの姿を書いた本だ。一部要約して紹介する。

二〇一八年（平成三〇年）で創立八十五周年を迎えた「和光学園」も、創立当時はオモチャみたいな小さな学校だった。中学と言っても当時は、子供は百四十人、先生は十人でマッチ箱のような一つの校舎で足りるのだ。運動場だって箱庭程度。設備だってないないづくし。でも、子供たちにとってはとっても住み心地の良いところらしいのだ。子どもの頭数が少ないのだから、ひとクラス三十人かそこらなので、どの顔だって視界の中にある。おそらくどの子だって「普通児」と呼ばれる子どもだろうと思うのだが、どの子だって顔をくっつけて見てみると、それぞれ彩りを異にしていて、言ってしまえばどの子だって特殊なんだと思う。とにかく単調な暮らしにもアクセントがあり、うねりがある。そして、それがやがて明日に生きるエネルギーを培うのだ。

『中学生・明日に生きるもの』の前書きの部分に西尾榮男さんの恩師の丸木政臣さんが書き記している。そして石川清さんは私の担当の先生である。本の中では、たくさんの仲間たちと一緒に西尾さんも私もいろいろなエピソードで本文に出てくるのだ。

実は西尾さんは、丸木先生のクラスではないが、なぜか一級下の丸木先生のクラスで三枝成彰さんなどに加わって授業を受けていた。なぜかそういうことがあり得る学園だった。

和光学園のＤＮＡは西尾さんに代表される一風変わった子どもたちばかりだった。多分、私もその一員であったと思う。つまり型にははまらない、少し自由すぎるくらい行動力あふれる子どもたちだったのかもしれない。

考えてみれば、前述の「粒ちがい」の原点が、ここら辺にあるのかもしれないと気が付いた。「考えるのは自分。行動するのは自分。責任持つのは自分」

私が博報堂を定年退職してからの活動で「Team　MAMIYA」として旗を振るときのモットーにしている言葉だ。自然と身についた考え方であり、自分自身の行動の基準なのだ。この精神は、この頃から和光学園で育った、いわば「誇りあるＤＮＡ」に根付いているのではないか。

先述のとおり私は博報堂を定年退職して二〇〇五年（平成一七年）三月から五月まで、五年間お付き合いしてくれた韓国の友人知人たちへ感謝の意を込めて、鎌倉からソウルまで八十日間、二三二八キロの感謝の徒歩の旅を実行した。「鎌倉からソウルまで歩く？」こんなことを考えるのは、今になって考えると、まさに和光学園のＤＮＡそのものではないかと思う。

西尾榮男さんが最初に和光学園とのご縁が出来たのは、一九五四年（昭和二九年）、和光中学校へ入学したところから始まる。

日本の経済力も徐々に復興しつつあり、昭和三〇年代の「もはや戦後ではない」といわれる経済成長へとむかいつつあった時代だった。

西尾さんが中学高校とあわせて六年間和光で学んだ中で、ひとつ印象的なことがあったという。それは中学時代に体験したユネスコの実験授業というものだ。このユネスコの実験授業は、わずか三、四年で終了してしまったのだが、その一年目の実験授業が自分たちのクラスで行われた。中学生の年齢でありながら、国際理解を深めるとか、異文化間の交流を図るものだったという。

その頃の時代では本当に画期的なことを目指していた学園であり、ユニークな授業だった。私も授業中にもかかわらず教室には、たくさんの外国人関係者がぐるりと授業参観していたことをよく覚えている。我々は自由研究として独自な発表会をするなど、子どもながらに普通ではない雰囲気を感じていた。

そんな西尾さんは、和光高校を卒業後、フランス語の先生であったお母様の影響なのか、中央大学のフランス文学に進み、その後は現代演劇協会の研究所を経て一九七一年（昭和四六年）に、舞台、テレビ制作を行う「綜合舞台」を設立した。今では社員数二百名を抱える企業になっている。

「おい西尾、学園の評議員をやってくれ」

和光学園を卒業して再び和光学園との結びつきが出来たのは、一九八三年（昭和五八年）

の和光創立五十周年の催し物のときだった。会場が日本青年館で、学園は合唱劇を上演した。合唱劇の原案は丸木政臣先生で、丸木先生が作詞されて同じく和光の卒業生である作曲家三枝成彰さんが作曲した。それが今でも中学でよく歌われている『夢を抱いて』『信じあって』『おさない日の夢』という曲なのだ。

西尾さんは、五十周年のイベントに照明という仕事を通じて学園と関わった。一連の仕事の後、ある時に春田正治先生や丸木政臣先生から、

「おい西尾、学園の評議員をやってくれ」

となかば一方的に言われてしまった。

昨今、世間で言われているように少子化の課題の中、和光学園にも入学者の減少化傾向がある。社会全体の大きな流れであるものの、和光学園はそういう流れをたくましく乗り切らねばならないと、西尾さんは学園と一緒に同窓会も取り組んでいくと、声を大にして同窓会長として各方面に働きかけている。

私は、西尾さんと同じく丸木政臣先生からのすすめで卒業生枠の評議員に選出され、同時に同窓会副会長として二十数年、微力ながら西尾さんの後塵を拝している。

私は、西尾さんとは最近まで評議員仲間であったが、西尾さんが役員の世代交代を考えて、二〇一八年（平成三十年）秋に、自ら策定し提案した規定は、七十五歳を超えたら新たに評

議員には立てないというルールだった。そのために、西尾さんが評議員（理事）をその通りに退任することになったのは、評議員仲間として大変残念なことである。（世代交代を考えて、私の後任の同窓会副会長は後輩の河野りうのすけ氏に委任した。西尾会長とは、私以上に良いパートナーとして活躍している）。

和光学園の歴史は、オモチャのような和光学園から今や、和光幼稚園、和光鶴川幼稚園、和光小学校、和光鶴川小学校、和光中学校、和光高等学校、和光大学と大所帯となった。その歴史の中で、西尾さんは同窓会会長として、小中高の同窓会を統合し運営を一本化した。小中高の卒業生名簿を発行、節目の年度には数々の同窓会記念パーティーを行い、その上、念願の同窓会館（ログハウス）を真光寺キャンパスに完成させた。これは和光学園同窓会の会報誌「はなみずき」を通じて多くの卒業生に呼びかけ多額の寄付によって成り立ったのだ。最近、和光学園同窓会は、一般社団法人和光学園同窓会として新たなる出発をした。今までよりもさらに幅広い領域での活発な活動や取り組みが可能になってくる。

西尾さんのエネルギッシュなリーダーシップで、二十数年間の間に、同窓会は、ここまで来たのだ。

その歴史の中で三十五年もの間、評議員としての関わりは、いわゆるサラリーマンが新人社員として会社に入社して、定年まで勤め上げる期間に、ほぼ匹敵すると言える。これは和光学園の大きく成長する歴史とほぼ重なっている。

今後も、まだまだ和光学園に寄り添って卒業生として見守ってくれることを、同窓会理事の後輩としてうれしく思う。

農場長の高橋昭さんは、まれに見る熱血漢。

「軽トラ一台が、ようよう買えるくらいの厳しい経営だ」

信州原村の仲間の中に八ヶ岳農場の農場長の高橋昭さんがいる。私より年齢は少し若いが、まれに見る熱血漢である。原村でいつも会うのが楽しみなひとりであった。

高橋農場長は広告業界の主人公ではないが、彼のひとことで、広告会社を卒業した私のプロデューサー心に火を点けた人ということで、特別にこの列伝に加えたい。

二〇〇四年（平成一六年）韓国から帰任して間もなく八月に定年退職して、楽しみがひとつ増えた。信州原村にフリーのアナウンサーで、東京での仕事と原村での田舎暮らしをうまく両立していた、学生時代からの友人に小林節子さんという仲間がいる。

大学卒業後、激戦の末、フジテレビの女性アナウンサーになったのに、わずかに六年後に女子アナ定年説という周囲の業界ルールのような雰囲気で、あっさりと退社してフリーアナウンサーになった友人だ。当時のマスコミ社会はそんな時代だったのだ。

その後、『レディス4』という他局の夕方の番組に約二十年も出演していた。顔を見れば誰でもがわかるほどの長い仕事になっていた。

その後、この十五年は信州原村をベースに活動している。ご高齢の両親と一緒に住むという目的でペンションを買い求めて、おまけに隣に音楽イベントなどができるホールを新築したのだ。村の人々と文化活動のできるホールを目指しての計画だった。来場者も六十人も入れば満席になるような、程よい大きさである。名前は「リングリンクホール」。ひとつの輪がどんどん繋がっていく、縁が縁を結ぶというネーミングだ。名前のとおりそのホールでの活動が、村の人々やイベントの出演者などと次々に新しい縁を作っていくことになった。

私は、そのうちイベントごとに鎌倉から原村に通うようになり、いつしかホールイベントの事務局長の役目を果たすようになっていた。

彼女の原村での生活はそれまでの都会生活とは違って、いろいろと小さな集団ゆえの生活上の困難な問題もあったそうだが、持ち前のコミュニケーション力で、周囲から徐々に仲間として迎え入れられるようになった。今では東京との往復生活を極力減らして、原村にしっかりと根を下ろした生活になっている。その「リングリンクホール」も数年前に手放して、近くにこぢんまりとした家を建てた。まさに回遊魚のようにとどまることを知らない元気な女性なのだ。

「Team MAMIYA」という名刺が手元にある。これは定年退職して自分の連絡先を伝える手段としてメモ用紙代わりに準備したもので、既に十五年も使用している。外国でも使用できるように裏面は英語表示になっている。

「Team MAMIYA」。それは、これからの私が自分で考え提案することで〝この指とまれ〟という呼びかけに対して、一緒に指に止まった仲間はすべてチーム・マミヤのメンバーになるという意味を持てばよいと考えたのだ。

「これは会社名ですか」と、名刺を見て聞かれることが多いのだが、そうではない。私のこれからの行動自体を表すニックネームがチーム・マミヤになるのだ。

〝この指とまれ〟は行動を明確にアピールする意味で、八ヶ岳農場の高橋さんと考えるプロジェクトが、退職後のプロデューサーとしての最初の活動になった。

八ヶ岳農場とは、公益財団法人農村更生協会が運営する「八ヶ岳中央農業実践大学校」のキャンパスのことをいう。一九三八年（昭和一三年）開場の農村リーダー育成の全寮制のわずか学生七十名前後の大学校で、研究科生（一年）、専修科生（二年）で構成されている。研究科生は生産実習の他、農業経営の実践を通じて新しい農業経営者、指導者を目指す。

専修科生はオールラウンドな実践学習の他、二年生からは野菜、花卉、酪農、養鶏の部門を専攻して専門的な農業技術と経営能力を養う。昔は農家の子息が入学していたが、昨今の農業事情で農家の子息は激減している。

朝から晩まで家畜の世話や農作物の生産に精を出しても、「軽トラ一台が、ようよう買えるくらいの厳しい経営だ」と結果的に大変な状況だという。熱血漢の高橋さんの言葉には長年の農業学校での苦労が見て取れ、僭越ながら何か我々としても応援したいなと考え始めた。もちろん、全てボランティア活動で行うのである。

「軽トラの数をもう一台増やせるよう応援します」

その「ひとこと」で私は心に決めたのだ。外部の人間だからこそ冷静に判断し、少なからずとも有効な提案ができることがあるだろうと軽い気持ちで「八ヶ岳農場を愛する会」という支援グループを作り応援しようということになった。

農場の高橋さんに会っていると、黙って見ているよりも、もう少しなんとかしたいという前のめりになるプロデューサー魂が沸々と湧いてくるのだった。それは、いわゆる勝手連に近いものだった。〝同心円〟発想というよりも〝異心円〟発想でパワーアップさせたいと考えたのだ。

会長はもちろん小林節子さん、私は事務局長。何人かの仲間のシンパに集まっていただき、行動に変えようと走り出した。

しかし農場全体のことをいきなり支援するのは難しい。キャンパス内に野菜や酪農製品、土産物などを売っている直売所がある。まずは直売所の活性化について支援を始めることにした。ここ原村でも、広告会社で鍛えた持ち前のプレゼン魂を発揮することになった。

我々は農場の考えを直接取材するために農場長の高橋さんを訪問した。一時間あまり高橋さんの農場生活の夢と農場の課題について、熱い胸の内を聞き、我々にも同感することがたくさんあった。鎌倉から八ヶ岳農場へ飛んできてよかった。情報は現場にあり、その通りだった。数日後、我々は「八ヶ岳農場活性化プロジェクト」という提案書を作成し、高橋農場長へ提出した。私は久しぶりに企画書を書いた。嬉しいことに、さっそく八ヶ岳農場から企画書の通りに実施したいとの返事をいただいた。

最初の活動にあげたのは、「新鮮さ、まるごと農場クイズ」だ。

八ヶ岳中央農業実践大学校は、八ヶ岳山麓の雄大な大自然の中で、農業を学ぶ人々が集い、その優れた技術力によってすばらしい農産品を生み出している。そこから収穫されるおいしい野菜や酪農製品は、原村を訪れる人々にとって最高の贈り物となるはずだ。これほどすばらしい要素をたくさん持った八ヶ岳農場（八ヶ岳中央農業実践大学校キャンパス）の存在を、もっともっと多くの人々に知ってもらいたい。

八ヶ岳農場を知ってもらう。
八ヶ岳農場へ来てもらう。
八ヶ岳農場の製品を買ってもらう。

八ヶ岳農場直売所の販売を活性化するために、ポスター、チラシ、インターネットを通じて、八ヶ岳農場製品のすばらしさの情報発信を始めることになった。早速、チラシの制作から始めた。

まずは提案した目標を具体的な活動プランとして進めなければならない。早速、高橋農場長と農場クイズを作成した。

今回の事務局長としての仕事は企画、プロデュース、販促クイズの作成、コピーライター、印刷手配、計画実施とひとり広告代理店。高橋さんの支援がなければ成立しなかった。

夏場の農場来場者へチラシを配布して、三ヶ月で農場クイズに約千通の応募があった。つまり約千人分の個人情報が得られたことになる。賞品は秋に締め切って農場製品を差し上げることになっている。クイズの答えはチラシをよく読むと判明する仕掛けになっていて、正解率は、ほぼ一〇〇%だった。つまり、農場を知ってもらう、という目標の基礎が半ば達成したと言えた。

「歌手の加藤登紀子さんと『農場音楽祭』をしたい」

「八ヶ岳農場を愛する会」の二年目を迎えるに当たり、いきなり会長の小林節子さんは、歌手の加藤登紀子さんを迎えて「農場音楽祭」を行いたいと言い出した。

「農場音楽祭、とんでもない！」

私は音楽イベント実施の賛否について小林さんと何時間も激論を交わした。他人から見れば痴話喧嘩同様の言い合いだった。事務局長の私は、本来は一年かけて得た農場への来場者の情報を活用して、いかにプロモーションに繋げてゆくか。ホップ、ステップ、ジャンプの戦略を考えていたのだが、会長の小林さんが、どこでそんなアイデアを得たのか、どうしても音楽祭を実現したいと言い張った。

「原村の仲間から一万円ずつ集めれば資金はできます」

困った私は、まずスポンサー協賛を前提にした概算予算を見積もってみた。私が「愛する会」のイベントプロデューサーとして小林会長をサポートする条件として、企画書は作成するが、一万円をバラバラと大勢から集めるのではなく、算定した予算の半額を協賛金として翌年の四月までに自分自身で獲得することという厳しい条件をつけた。

ところが、ほとんど無理に近い条件だと思っていたのだが、なんと約束の四月末には小林さんは、高橋農場長の支援をもとに大手三社の企業協賛を取り付けてしまった。私が提示した条件を全て約束の期限までに、小林さんは高橋さんと二人三脚で達成したのだ。

仕方なしに事務局長として秋に行う農場音楽祭のイベント実行のボタンを押して、あとの残りの資金はみんなで協力して半年で集めようと了解した。

まずは原村で実行委員会も作らなければならない。高橋農場長の地元ならではの底力で、何とか一ヶ月で実行委員会の組織が出来てきた。まずは三十名ほどの地元の親しい有力者の方々に参加してもらった。

チケットを買ってください！
チケットを売ってください！
チラシを配ってください！

三つのテーマのもとに、皆さんに集まってもらった。実行委員会メンバーへのわかりやすい「ひとこと」のメッセージだった。

委員会も回を重ねるごとに、協賛金、支出予算、チケット販売状況、今後の検討事項、役割分担の検討が交わされ、実行委員も徐々に増えてきた。

農場音楽祭の来場者が千八百人を超える勢いになり、最終的に実行委員会は、百人に膨れ上がった。地元の仲間に加えて、東京から親しいメンバーが協力してくれることになったのだ。駐車場係、会場整理、VIP受付関係など地元の人しかできない役割、総合受付、会計、救護班、清掃係、誘導係など東京のメンバーでも可能な役割と分けて、前日までに作成した運営マニュアルで機能的に実施できる準備が出来上がった。この陰には高橋農場長の情熱と、普段からの地元の仲間との絆が背景にあった。

企画の進行中に移動ステージの屋根に太陽光発電の「エコモービル」を搭載したトラックが、重要な役割になり始めた。エコモービルとは、すべて太陽光発電による自然エネルギーを利用した発電システム。このことにより、イベントに使用する会場の音響設備、照明、映像などのすべての電源はこのエコモービルのクリーン電力で補われることになった。会場に電源コードを張りまわさずに済み、そのためにCO_2排出ゼロを実現することになった。会長の小林さんが人的ネットワークで得た情報で、まさに「エコライブ 八ヶ岳農場音楽祭」となったのだ。

「会場で拾うゴミが何もありません」

二〇〇九年（平成二一年）九月十三日の日曜日、朝から天高くさわやかな高原の青空だ。

前日の大雨の中、ぬかるみになった芝生のグラウンドに、何枚もの鉄板を大勢のスタッフが次々に敷きながら、二時間がかりでエコモービルを載せたステージになる大型トラックを、所定の位置へ運び込んだのだ。その大雨が嘘のように晴れ上がり、雲一つない日本晴れになった。

朝八時に百人の実行委員が農場に集まり始めた。リーダーごとに、スタッフの紙製IDカード、当日の運営マニュアル、担当表などが配られた。高橋農場長は、地元の仲間の実行委員にきめ細かいサインを送って、各リーダーの統率をしてくれたのだ。


「開場!!　スタッフは静かに皆さまを誘導してください」

午後二時、定刻通り事務局長の私はスピーカーで合図した。

先頭のスタッフに従いゆっくりとお客様が歩き始めた。開場して五十分で、二千人に増えた来場者のほとんどがマニュアル通り、トラブルもなくスムーズに緑の芝生の会場へ入場した。新宿発、大船発の日帰りバスも無事到着し、記念弁当を受け取り全員が入場した。

「このように素晴らしい音楽祭を開くことが出来て、すべての方々に感謝です」

午後三時ちょうど、実行委員長の小林節子さんがステージの真ん中に立ち、たくさんの観客の前でのマイクを通しての挨拶が始まった。

美咲さん、マーク・アキクサさんの前座公演に続き、いよいよ登紀子さんの登場だ。

『琵琶湖周航の歌』『ひとり寝の子守唄』『百万本のバラ』『知床旅情』『さくらんぼの実る頃』などを青空のもと、緑の森に囲まれた会場いっぱいに登紀子さんの澄んだ歌声が流れている。ステージから緑の芝生の中へ降り立って、観客の中を歩きながら何曲歌ってくれただろうか。歩きながら歌う登紀子さんに握手を求める人もいる。二千人の観客は自分たちの青春時代を思い出すかのように大満足で登紀子さんの歌を聴いている。

あっという間に至福の時が流れていく。

「五年後には、またこの八ヶ岳農場でコンサートをやりたいです。みなさん、また、ここでお会いしましょう」

と登紀子さんの声でステージは終わった。

「五年後？」

とんでもないと私のうめくようなひとり言。もう勘弁してほしいというのが偽りのない正直な本心だった。

コンサートのすべてが終わりマニュアル通り、会場係りが会場清掃の準備の段取りになったが、二千人も集まった芝生の会場にはゴミがひとつも落ちていない。

「会場で拾うゴミが何もありません」が、報告の第一声だった。

スタッフ全員が来場者に感謝し大きな感動を得た。環境への意識を訴えたエコライブ。お客様の意識も高いものがあったのだ。

地元スタッフと東京からの応援スタッフの共生。地元と他所者《よそもの》との多少の葛藤もあったが、何も大きなトラブルがなく、事務局メンバーの私にとって、村のおおらかな音楽会のはずが、はるかに身の丈を超えた大げさな出来事になってしまった。

夕暮れの誰もいなくなった農場音楽祭の芝生の会場に、赤とんぼが目の前をスイスイと横切って飛んでいく。そして音楽祭の会場だった広場のどこからか、いつの間にかチッチッ、リーンリーン、コロコロ、ギーギーと秋の虫たちの鳴き声が重なり始めた。スタッフたちの姿もすべて消えた広場の草むらの中で、音楽祭の主役は自分たちなのだと訴えるように虫たちの演奏が、いっそう賑やかに響きわたり、やがて大合唱のように鳴き始めた。

それは私だけが感じた一瞬の夢の続きのようだった。

そうして虫たちの鳴き声に賛美されるように、春から高橋農場長と延々と歩んできた私たちの祭りは、見事に終わったのだ。

ほんとうに何かに守られるように運がよかった。偶然に日本晴れの農場音楽祭は上手くいったが、昨日同様の大雨だったら、このイベントはどうなったのだろうか。珍しく私は心身ともに神経が消耗していた。
私は、これからの「愛する会」は、一時の盛り上がりではなく長続きする長期的な視点で考えるべきだと考え始めていた。余りにも熱すぎて素人集団による音楽イベントは、仕事でもないのに、身も心も使い果たしてしまったからだ。

「信州キャンペーンには甲州は、参加できないと断られた」

実はこの音楽イベントの約百人のボランティアスタッフに美味しいお弁当ぐらい差し上げたいと事務局では考えていた。小淵沢駅前に「丸政」という名物の駅弁の会社がある。ちょうど音楽祭本番の日が七年ぶりにやってくる地元の御柱祭りの記念弁当『御柱祭弁当』の発売日にあたっていた。千四百円もする高いお弁当だ。高橋農場長が、名取政仁会長に百人のスタッフと新宿、大船からの記念臨時バスの乗客百人のお客様のために格安で分けていただきたいとお願いしたところ、名取会長も発売当日で二千人も集まるイベントならば良いＰＲになると快諾してくれた。

翌年の春に農場で久しぶりに高橋農場長とお会いした。ちょうど「丸政」の名取政仁会長がご一緒だった。秋から始まるＪＲの信州デスティネーションキャンペーンに、自社の駅弁で応募したら、丸政は山梨県の小淵沢が本社。甲州の会社で「元気甲斐」という有名な駅弁も売っている。信州キャンペーンにはふさわしくないので参加できないと、JRから断られたと嘆いていた。

「会長。八ヶ岳農場という弁当を作れば信州の駅弁になりますよ」

「なるほど」

私のとっさの提案に会長は微笑んだ。

そのようにJRに提案してみると言い、会長はさっそく農場を後にした。

ちょっと待って、「八ヶ岳農場を愛する会」としては腕の振るいどころだ。「八ヶ岳農場弁当」で売ることもできるが、もう少し知恵を出したいと思い立ち、会としてすぐに駅弁企画を提案させてほしいと名取会長に申し入れをした。

改めて高橋農場長に取材すると八ヶ岳農場では、卵を産み終わった平飼いで元気に育った鶏の肉が美味しいという。八ヶ岳農場は元気で美味しい鶏と、新鮮な高原野菜を中心とした食材が豊富にある、ということを前面に打ち出した商品企画にすべきと考えた。

プレゼン案は、いくつかの案に加えて『八ヶ岳農場 鶏めし にわっとり』と思いついた。

原村生まれの八ヶ岳農場育ち。農場育ちの「鶏」は一味違う元気なおいしさ。にわっとりは鶏の古語（にわのとり）。庭に放し飼いされた元気な鶏。日本人が忘れかけていた田舎の原風景を想像しながら、召し上がってほしい。

旅の瞬間は日常を離れて美味しいものと出会いたい。八ヶ岳農場が飼育から製品づくりまで一貫した姿勢で、丹念に作った農産品（鶏肉、鶏卵、高原野菜）を使って丸政が楽しいお弁当に仕立てたというイメージが打ち出せる。

私は丸政の会議室でひとり熱弁を振るった。私にとって久しぶりのプレゼンだった。会長、社長と営業担当者も参加していろいろと議論が出たが、最後は名取会長の鶴の一声で『八ヶ岳農場 鶏めし にわっとり』にネーミングが決定し、新しい駅弁の誕生となった。広告会社の現役時代にも数々の商品企画を行ったが、一瞬に経営者から決定をいただいたのは私にとっても初めての出来事だった。

夏の終わりのある日、リングリンクホールで新作弁当の試食会が行われた。「八ヶ岳農場を愛する会」のメンバーが集まった。農場の高橋昭先生、会長の小林節子さん、画家で掛け紙の絵を描いた大塚絲さん、食材のヒントをくれた平出昭恵さん、それに丸政の名取政仁会長に事務局長の私。企画書を書いて会長にプレゼンした日から、わずか一ヶ月半でこの日を迎えたのだ。

農場音楽祭で登紀子さんのアイデアで急遽、地元の五十人の子どもたちが、ステージで一緒に歌うことになった。そこで配るのがむき出しのおにぎり弁当では能がないと、原村仲間の大塚絲さんが絵筆で緑に囲まれた農場の絵を描いた。これを急遽、近くのコンビニでカラープリントにしてお弁当の掛け紙にしたのだ。農場音楽祭らしい牧歌的なパッケージになり、子供たちには大事な記念のお弁当になった。

名取会長がこの絵筆で描いた農場の絵の掛け紙を見ながら、

「いつかは、このような掛け紙のお弁当を作りたいですね」

この「ひとこと」が実現して『八ヶ岳農場 鶏めし にわっとり』の掛け紙として、大塚絲さんが新しい絵を描き下ろした。絵筆で描いた八ヶ岳農場の絵に、にわっとりの墨文字もしっかりとレイアウトされている。

小判形のお弁当箱には八ヶ岳農場が提示した素材があふれている。高橋農場長のヒントの言葉をもとに、茶飯、鶏そぼろ、ししとう、炒り玉子、椎茸、人参ごぼうのキンピラ、アンデスの赤いも、赤かぶ大根、セロリたまり漬け、八ヶ岳農場で平飼いされた鶏肉を使って、どこか懐かしい味付けとなっている。

そのうちに駅弁『にわっとり』も定番商品になりゴールデンウィーク、夏休み以外も週末の直売所での販売はもちろんのこと、ＪＲ茅野駅の売店にも毎日置いてあるようになった。

『にわっとり』の誕生で、我々の会の活動は大きく変わってきた。原村仲間で音楽家の森ミドリさんと協力して、私の作詞で『にわっとり音頭』という駅弁の応援歌をつくった。誰でもが、いつでも歌える農場の四季を織り込んだ原村讃歌が出来上がったのだ。

こっこ　こっこ　ここ　こっこ
こっこ　こっこ　ここ　こっこ
ここは　信州八ヶ岳　（はあ　よいしょ）
ここは　信州原村の　（はあ　よいしょ）
今朝も　にわとり　元気よく　（はあ　げんきよく）
農場狭しと　かけまわり　（かけまわり）
うんだ玉子は　７０００個　（ポン！）
おいしい弁当　にわっとり
おいしい鶏めしにわっとり
モウモウ　メェ〜メェ〜　コケコッコー
流れ流れる　気を浴びて
八ヶ岳農場　春がくる　（はあ　くるくるくるくる）
ハラムラハラムラハラムラハラムラ　よいっしょ　よいしょ
ハラムラハラムラ　にわっとり

森ミドリさんがお囃子の言葉を要所に加えてくれて、元気いっぱいな『にわっとり音頭』になった。

「**会場にはお弁当売り場はここだけで～す！**」

なんといっても八ヶ岳農場の行う最大のイベントは、毎年秋に行う商工会主催の「八ヶ岳まるごと収穫祭」だ。秋の収穫を祝い、豊作に感謝するという意味の大イベントで、会場には手作りの鳥の巣箱づくりや、ハロウィンかぼちゃの手作り教室、ステージではアルプスホルンの演奏、百キロを超えるジャンボかぼちゃのコンクールなど、二日間で来場者が一万人を超える大型イベントなのだ。一日中大人も子どもも一緒に楽しめる企画が満載のイベントになっている。

『にわっとり』が発売された二〇一〇年（平成二二年）秋から八ヶ岳農場を愛する会では、毎回テントをひと張り借りて『にわっとり』を中心に丸政の駅弁の販売協力を行っている。開場時間は十時だが、毎年、ほとんど一時間で『にわっとり』百個を売り切ってしまう。

入口に近いテントなので、来場者が入場してくる時に売らないと勝負にならない。

「農場特製のお弁当！」

「農場の食材だけで、出来ていまぁ～す！」

「会場にはお弁当売り場は、ここだけで～す！」

「お帰りの時は、売り切れていますよ～」と強調し、

「どちらからおいでですか」とグループの来場者にささやいて、

「それは、遠くからありがとうございます」と微笑んで、

「記念に八ヶ岳農場のお土産に、ぜひお求めください」

と売り子の仲間がいろいろと工夫して誘ってみる。来場者の返事に対して、大きな声で、
また場合によってはささやくように、いろいろと声のかけ方を工夫したのだ。


「予約でお買い求めできます。会場内を回る間は、お帰りまでテントで預かりまぁ～す」

二年目に行ったお客様へのこの呼びかけはかなり効果があった。予約販売だけで開場前の二十分で四十個は瞬く間にさばけてしまう。我々としては、無理してたくさん売ることも出来るが、毎年二日間で計二百個の完売を身の丈と考えて楽しんでいるともいえる。

親しい仲間たちがテントの周りに陣中見舞いのように集まってくるのも楽しみの一つだ。

「もう、売り切れ!?」

実行委員を兼ねている高橋農場長も、汗まみれのテンガロンハットに真っ黒に日焼けした顔のニコニコ顔で、テントまで陣中見舞いにやってくる。

久しぶりに会う仲間の顔は、誰もが笑顔に満ちている。この風景は農場の秋の風物詩となり、大声で叫んで売り子をしている我々たちは、それだけで感謝の気持ちでいっぱいになる

のだ。

私が八ヶ岳農場へ通い始めて、今年で十三年目になる。晴れた日の朝、目の前に広がる八ヶ岳。澄んだ空気に芝生の広場。

ここには八ヶ岳から素晴らしい「気」が流れている。

流れ流れる気を浴びて、
流れ流れる雲見上げ、
流れ流れるせせらぎに、
流れ流れる星空に、

まさに『にわっとり音頭』の一番から四番までの歌詞のように、素晴らしい八ヶ岳農場の四季を楽しめるのだ。

そのうえ、季節の移ろいの中で、秋本番になると農場の草むらで虫たちが奏でる大合唱が、まるで原村讃歌のように聞こえてくるのだ。

八ヶ岳農場の秋は、これからやってくる長い冬に向かって暮れゆく農場の一年の総仕上げのように、しばらくは賑やかな日々を重ねることになるのだ。

「軽トラを、もう一台買えるようにします」

私たち「八ヶ岳農場を愛する会」のメンバーたちは高橋農場長との、この約束は守れたのだろうか。

真っ黒に日焼けした顔に、テンガロンハットをかぶり、早朝からトラクターに乗って、今日も芝を刈っている農場長の高橋昭さんは、まさに八ヶ岳農場のカウボーイのようだ。真っ白な歯を見せてニコニコと笑うその笑顔の男も、近々定年を迎える。農場を去る日も近い。外モノの我々が愛する八ヶ岳農場は、今日も明るい陽射しを受けて芝生が光っている。

第四章　仕事の現場で出会った思いがけないあの人の言葉。

交わした会話から仕事を学び、人生を考えた。

人生で大事な場面で交わした「ひとこと」の重さは、計り知れない。本書で交わされた「ひとこと」も、背中に翼をつけた男たちの知恵と発想力に基づいた、その後の広告人生を支える大事な「ひとこと」だったのだ。

本書の最後に面と向かった会話の大切さを、改めて一人ひとりの「ひとこと」を具体的な実例で紹介したい。

「間宮さんは、博報堂の救急車だね」

我々は時間のないキーパーソンに、短い時間に何かを伝えるときに長々と喋るわけにはいかない。どんな仕事においても、誰にでも急に降ってわいた機会がやってくる。そのタイミングでそのチャンスを利用しないことはない。

広告制作の仕事がアイデア開発、絞り込み、また拡大し絞り込み、最後にインサイトを見つけてコンセプト化するように、我々が伝えたいことを「ひとこと」で伝える訓練が必要なのだ。

コピーライターが言葉を紡ぐように、我々も伝える言葉選びに腐心すれば、強い対話力を発揮できると信じている。フェイス・トゥ・フェイスで伝える「ひとこと」の効果、強さについて、ぼんやりと潜在的に考えるより、顕在的に、意図的に考え、絶え間ない準備を重ねることが大事なのだ。瞬間的に、その場でそれまでの会話の流れをとらえて、反射的に意味ある言葉に結び付けることが可能になる。

これは意外とどんな仕事の現場においても大切な武器のひとつになると思う。コピーライターに限らずに、どんな業種の仕事にもヒントになるワザだろう。

コピーライターの糸井重里さんとはサントリー担当時代から、サントリーレッドの広告や、「SASUKE（サスケ）」（炭酸飲料）、「ペンギンズバー」（新感覚ビール）などの新製品開発の仕事を一緒に挑戦してきた。後に私が競合プレゼン連敗中の家電メーカーの担当営業部長として異動して、いきなり競合プレに二連勝した時や、急遽、海外拠点長として韓国の事務所を立ち上げる時も、「間宮さんは、博報堂の救急車だね」

と、笑いながら、軽妙な「ひとこと」を言った。新聞社とトラブルになって広告業務が混乱した得意先の担当営業部長としてうまく乗り切った時は、糸井さんは、

「間宮さんは、博報堂の消防車だね」

と、同じような調子でその時も笑みを浮かべて、おそらく「ひとこと」をつぶやいてくれたことだろう。

突然に身の回りに起こった仕事のピンチを、なんとか歯を食いしばって一点突破、逆風を

順風に変えた時に、私に伝えた「ひとこと」の「救急車」は糸井さんらしい軽妙な激励のセリフだった。糸井さんは、毎回起こる私のサラリーマン人生の変化をなんとなく横から見ていて、そのことをタイミングよく率直に言い表していると思ったものだ。

コミュニケーションを大事にする人は、「ひとこと」のセリフの大事さを、いつも心がけていると言える事例だ。いまでもありがたい応援の言葉として受け止めている。

「君は麻雀ができるの」

博報堂に中途入社して営業本部の仲間から初めて受けた質問に、麻雀は一線級の腕だったが、そう答えると麻雀という限られた友達しかできないと思った。

「麻雀はうまくありません。お酒ならばいつでもお付き合いします」

どうやって自分自身を早く知ってもらうかを考えた答えだった。

当時、旭通信社は全社で約三百人程度。有楽町ビルの十一階の博報堂第一本部はおよそ三百五十人程度で、広告会社の必要な組織が揃っていた。大きな会社に入社したのだが、日常、接触する人数はあまり変わらないので、大きな会社に入社したというプレッシャーは全く感じなかった。

今では多少古いマーケティング用語のキーワードになるがＡＩＤＭＡ（アイドマ）という

考えをベースに、広告プロデューサーのすべきことを当てはめてみた。

「消費者」が「商品」を買うまでの心理的変容プロセスの変化。

⇔

「得意先」が「自分」を買うまでの心理的変容プロセスの変化。

⇔

「スタッフ」が「自分」を買うまでの心理的変容プロセスの変化。

と置き換えて考えてみた。

まず「消費者」を「得意先」や「スタッフ」に置き換え、「商品」を「自分」に置き換えてみたのだ。

AIDMAの第一の「A」は、Attention　つまりAは、(注目)である。

まずは得意先が、気の利いたことをやる新人だと気が付いてくれた(注目)

その後は興味を持って声をかけてくれた。「I」(興味)は、Interest

あるとき、どんな奴かとお茶に誘われた。「D」(欲望)は、Desire

面白いやつだと名前を覚えてくれた。「M」(記憶)は、Memory

そうして小さな仕事をくれるようになった。「A」(行動)は、Action

「注目」「興味」「欲望」「記憶」「行動」と得意先やスタッフは、どうやって自分を買うまでになるか。そのアクションプランが大事だった。

インターネットの世界のＡＩＳＡＳでも同じことが言えるのだ。Ａは、Attention（注目）、Ｉは、Interest（興味・関心）、Ｓは、Search（検索）、Ａは、Action（購入）、Ｓは、Share（共有）と考え方は同じなのだ。

このことは、どの業界の仕事でも営業の立場では大事なことだと思うがどうだろうか。

「CM音楽は、アリスやで」

「僕たちのビールは、これだ。」の翌年のビールキャンペーン「若さの時代かな。」（コピーは長沢岳夫さん）のＣＭ音楽の検討に入っていた。ところが、前年のビールのＣＭ音楽のゴダイゴに続いて、再び天の声の周辺から依頼が、「ＣＭ音楽は、アリスやで」と我々に降りてきた。

当時のアリスの人気は不動のものになっていて、年間コンサートは二百本を超える勢いだった。炎天下のケニアの平原で青年がビール片手にアフリカ象と乾杯をするシーンが有名になったビールのＣＭ音楽への注文だった。

早速、音楽プロダクションの和田さんが手配してくれて、アリスの所属していた事務所の代表（当時）の細川健さんにお会いした。ところが寸前でメンバーの谷村新司さんが、競合のウイスキー会社の契約が決まったという。楽曲は『昴（すばる）』と決まっている。そこでアリスとの契約は不可能になった。前年のゴダイゴに続いて、二年連続のいきなりの試練だった。困り果てた我々に、細川さんが、「もうひとり堀内孝雄がいる。堀内に新人の滝ともはると、デュオを組ませるのは、どうか」というアイデアを出してくれた。ちょうどアリスも個々のソロ活動への移行時期だったのだ。グループと個々の活動と言えば、今流で言えばSMAPは解散したが、TOKIOや嵐のメンバーが個別に一人ずつ広告出演するようなものだ。同じ頃にチャゲ&飛鳥が活動し始めて、堀内さん自身も『君のひとみは10000ボルト』の大ヒットの後、何か新しい活動を考えていた。それが滝さんとのデュオという形になった。

得意先の了解を取れば成立する話だと、思い切って宣伝部に提案することにした。堀内さんは超多忙だが、新人の滝ともはるさんが単独でマスコミに出演して、僕たちの新曲ですと楽曲のプロモーションができるというメリットも追加して提案した。これもひとつの知恵だった。そうしてできたのが『南回帰線』(作詞・山川啓介、作曲・堀内孝雄、歌・堀内孝雄/滝ともはる)だった。

「…君だけに生きてゆけたら どんなにか いいだろう 男は夢に追われる孤独なランナー

ありがとう サントリービール」

実はこの(ありがとうサントリービール)と言うサウンドロゴになったのには、CM音楽の録音の時に生まれた偶然のドラマがある。歌詞の中に「……男は夢に追われる 孤独なラ

ンナー ありがとう 君は故郷《ふるさと》……」という一節があり、堀内さんはこの（ありがとう）を、サウンドロゴの前に思わず唄ったのだ。

「これ、いただきやな」

堀内さんはアドリブで唄ってしまったが、宣伝部の辰馬通夫課長が膝を打った。

ここに真っ黄色になった当時の『夕刊フジ』の切り抜きが残っている。

ドキュメント「歌とビジネス」の記事の一部を要約するとこうだ。

「ありがとう。サントリービール」。堀内孝雄が『南回帰線』のデモテープを録音の時に、大いに乗って作詞にないのに、つい（ありがとう）と付け加えて歌ってしまった。

この一言を聞いて、「なんとか（ありがとう）を入れることで了解してくれないか」と粘ったのは宣伝部の鈴木理雄《すずきただお》と博報堂の間宮武美だ。いわゆる早慶コンビだった（後略）」

銀座の「音響ハウス」で録音した時のやり取りの一部始終を、私は、すっかり忘れていたが、評論家の塩沢茂さんから取材を受けたことを真っ黄色になった記事を見て思いだした。

「SEI・KATSU・SHA（生活者）。もう一度読んでください」

「バドワイザー」の競合プレゼンと同じようなケースだが、英語で「ひとこと」の殺し文句を言うケースは、もうひとつあった。国際ビジネスの先輩の石川英夫さんが「コカ・コーラ」のプレゼンで残した「ひとこと」だ。

一九九四年（平成六年）、博報堂とマッキャンエリクソンが経営分離したので、即座に博報堂は「コカ・コーラ」アトランタ本社に対してプレゼンを申し入れた。そのプロジェクトのチームリーダーに私が任命された。結果的に現担当のマッキャンエリクソンを含めて四社競合プレゼンを行うことになったのだ。

二時間あまりのクレデンシャルズプレゼンテーション（会社紹介プレ）の当日、プレゼンターの石川英夫さんが、冒頭に「SEI・KATSU・SHA（生活者）」という一枚のボードを用意した。目の前の得意先の上級副社長のセルジオ・ジーマン氏に対して、そのワンワード（生活者）を何度も正確に発音できるまで繰り返し読んでもらった。

「ワンスアゲイン、プリーズ、SEI・KATSU・SHA」

「このワンワードを理解できないと、私たちの広告会社のプレゼンテーションを理解できません」との「ひとこと」を英語で伝えた。グローバルな得意先の上級副社長に向かって、インパクトあるプレゼンテーションだった。

消費者（コンシューマー）という言葉では説明できない近年の消費生活を理解するために

は、博報堂独自の「生活者」という概念をはじめに理解していただく必要があったのだ。しかし「生活者」にあたる英語が見当たらないので、プレゼンはすべて「ＳＥＩ・ＫＡＴＳＵ・ＳＨＡ」で表現しなければならなかった。自社のエッジを伝える勇気あるプレゼン手法の一つだと思った。このシーンは今でも広告人として、一生忘れられない一瞬になった。

この「ひとこと」のおかげで、ファンタ、スプライト、ミニッツメイド、Ｈｉ－Ｃ（ハイシー）などのクリエーティブの仕事を獲得することになった。

「コカ・コーラ」の仕事を獲得して学んだことがある。それまで日本の広告業界は、十五％というコミッション料で利益を出していた。一方フィーシステムのメリットは広告の予算規模に関係なくブランドに関する制作作業は、一定のクオリティーを広告会社が得意先に提供できる点にある。その場合のフィーはアメリカを中心に考えられたシステムで、労働に対する対価を費やした時間で計算するレイバーベーストフィーという代表的な考えなのだ。スタッフの個別的な給与の総計に間接スタッフの比率を乗じて、最後に広告会社の利益を加算する計算方法なのだ。得意先側も広告会社側も双方にとって新しい利益機会になる考え方になる。この新しい報酬制度を本社スタッフと必死に学んで得意先と交渉の結果、新規のフィービジネスの契約が成立した。

ある役員から会社の得意先がすべてこの方式を取ったら、わが社はどうなるのかと聞かれた。自分もよくわからないなりに、その場合はまず、考え方として全飲料メーカーの得意先の扱い高を大中小に選んでみて、関係するスタッフ数の給料を費やした時間で、計算して得るフィーを最初に計算し、別途コミッションで計算した営業収益の総額から、当該の人件費や間接経費を引いた利益と比較するシミュレーションを行えば、その差が歴然と判明するのではないかと答えた。このようにフィー計算の概念と、コミッション計算の概念の差は、即座に比較し説明することは難しいのだ。

この頃から従来のコミッションだけではなく、日本の広告業界の報酬について考え直す時期が来たのだと思った。いよいよ広告業界にもグローバリズムの影響が現れ、新たな業界環境の変化の時代に突入してきたといえよう。

「たぶん、すべてあなたが正しいと思います……」

私はサントリー担当時代、同世代の得意先宣伝部のクリエーティブ担当の鈴木理雄さんとは非常にウマが合って、ほとんど二人三脚でなんでも順調に広告企画を進行していた。

その心の優しいナイーブな鈴木さんとあることで、喧々囂々とかなり対立的な状況になり、意見が衝突してしまったことがある。私はそれまでのイキサツを記憶の限り相手に対して詳しく説明して、前後左右から檻で囲むように逃げ場のない方法で責めてしまった。

つまり限りなく論破したつもりだった。その瞬間、私の言い分が通ったと確信したのだ。

「間宮さん、たぶん、すべてあなたが正しいと思います。でも逃げ場もないくらい完璧に説得されても、私の気持ちは動かない。もし少しでも隅っこに私が逃げられるスキマを作ってくれたならば、結果は変わるかもしれない。人間ってそういうものだと思います」

しばらく間をおいて鈴木さんが、冷静に言葉を発したのだ。

私はその時、正しいことを正しく主張しても物事は決して自分の思う通りにはいかない。その時、鈴木理雄さんに大事なことを教えてもらったと感じた。つまり、本当の営業の仕事とは何かを考えさせられた。「かしこい営業」とはなんだろうか。説得すべき相手の気持ちを、思いやりながら説得する力が欠けていたのだった。つまり「かしこい営業」は失格だったのだ。その時、私たちはお互い三十五歳だった。

「かしこい営業」「たよれる営業」「かわいい営業」という言葉を社内の会議で聞いたことがある。この「三つの言葉」はある時、現役時代のプレゼン準備中にマーケティング部の同僚がつぶやいた言葉だった。

「かしこい営業」とは、得意先の事情（商品、サービス、流通、市場環境、人間関係、業界事情）など多種多様な知識を持っていて、周りの誰からでも質問されたら、瞬時にすべて冷静に答えられる人。

「たよれる営業」とは、周りのスタッフが困った問題、想定外の問題が起こっても年長のディレクターだろうが、相手が誰でも、解決に向かって、なんでも仕切ってしまう人間。場合によってはいきなりの宴会でも、ちゃんと人を集めて要領よくまとめる人。こういうタイプは我々の周りに結構多いのだ。

「かわいい営業」とは、人間関係が良好で、人当たりが柔らかく、誰からも慕われ、かわいがられる優しい存在、いつでも傍にいてほしい存在の人。

普通ならば、こうして当たり前の分析をしてしまうが、ここから私はそのまま拡大解釈して、私自身の考えとしてみんなに伝えていた。

自分は一体どのタイプなのだろうか。自分は若い営業だから「かわいい営業」だと思う人がいるかもしれない。でも、そうではないのだ。この三つのタイプは年齢や経験で決めることでもないのだ。自分にとって、どのような営業スタイルが最良かの問題ではないのだ。私はシニア世代になっても「かわいい営業」を演じていたこともあった。

大事なことは状況によって行動スタイルを使い分けることなので、その場での人間関係論なのだと思う。

理雄さんとは、お互いに刺激のある良い友だった。

「メモを取らんかい！」

ある日、宣伝部長から相談があると宣伝部次長の辰馬通夫さんから連絡があり、後輩部員とともに宣伝部の応接室に呼ばれた。ほとんどの案件は辰馬さんとやり取りしていたので、宣伝部長とは直接まとまった言葉を交わす機会が少なかった。二、三分話が始まり大事な中身に入ろうとした時に、

「メモを取らんかい！」

辰馬さんが後輩部員に向かって、大きな声で叱り飛ばした。

私は手帳にメモを取りながら宣伝部長の顔を見ていたので、横に座った後輩が腕を組んで話を聞いていたのを見逃していた。後で聞くとその後輩は手がブルブル震えて、そのあとメモが取れなかったと言っていた。

その時以来メモを取ることの大事さを改めて理解したのだ。メモを取ること自体が、目の前の相手を尊重する意味もあるからだ。

しかし、メモの取り方にはいろいろとある。相手の目の前でしっかりとメモを取る場合。メモを取らずにしっかり話を聞く場合。メモを取りにくい状態で話を聞く場合と、状況はいろいろとある。オフレコのニュアンスが強い情報交換は、決してメモを取ってはならないのだ。

私は洋酒メーカーの宣伝部の方とはバーのカウンターなどで、オフレコで大事な話を伺うことが何度もあった。その場合は、もちろんメモは取らずに、うなずきながらキーワードを覚えなくてはならない。あまりにも大事な場合には、トイレに立って手帳にキーワードだけを書きなぐり、何気なく席に戻るケースがよくあった。メモも取らずに、つぶやきに近い依頼内容を、後日しっかりと実行すると信頼関係が、ますます強い関係になってくるのだ。

通常の打ち合わせの時は必ず手帳やノートに要点を書く。このことで後になって言った、言わないの、トラブルはかなりの確度で避けることができた。

しかし、フェイス・トゥ・フェイスの情報入手の方法も時と場合によるので、通り一遍の方法ではダメなのだ。

私の書斎には現役営業の時代から今日までの能率手帳が全て残っている。今回のエピソードの数々はそれらの机の中の手帳の記録が、その時の貴重な記憶を蘇がえらせてくれた。手帳の中の小さなメモが、今回の具体的なエピソードを語る詳細な情報源となったのだ。

二〇〇二年（平成一四年）春、韓国赴任時代に一時帰国してあるコピーライターの案内で行った銀座の小さなバーのカウンターで、ある政党の幹部の方と並んで話す機会があった。一時間あまりの偶然の懇談内容を、メモを取らずに話を聞いたのだ。

万年一位のキリンビールの座を抜いて新しく一位になったアサヒビールの成功の話を皮切

りに、自分の党のあり方に触れて、党の支持率、好感度やブランド力の獲得について広告的な観点からの意見を求められた。

そのアサヒビールは何年も長い間ユーザーの声を慎重に聞き取り、より良い味の研究を重ねてきた。その結果完成したビールを、広告会社は最後に新しい包装紙で包んで世の中へ、アピールするのだ。新しいビールブランドの背中を戦略的に押しだすのが、私たちの通常の仕事なのだ。多くのユーザー（国民）の声を聞く前に、いきなりきれいな包装紙をデザインするだけでは、世の中には受けいれられないのではないかと、取り返しのつかない舌禍事件にならないように気をつけて、言葉を選んでお答えしたことをよく覚えている。

翌日、その場で聞いたマラソン演説の経験談など、前夜、頭の中にしまった会話のキーワードの記憶を頼りに、自分自身の記録のために懇談メモを作ったことがある。目の前のカウンターでメモを取り始めたら、横で飲んでいる相手の方は警戒して重要な話をしてくれない。得意先の前で頭の中にメモすることは大変だが日頃の努力が必要だ。なるべく記憶が希薄にならないうちに頭に叩き込んだキーワードを、メモにするのが大切なことだ。

メモは自らの情報整理力を高めるツールに過ぎないのだから。メモをうまくまとめることが出来るか、できないかで天地の差が開いてくる。

「メモを取らんかい」といった辰馬通夫さんから、ある時こんなことも言われた。

「マミさん、企画を決める時にはなぁ、大事な方程式があるんだ。ＫＫＤ方式って知ってる？」

企画案を決めたとき、打ち合わせのあとで辰馬さんが真顔で言った。

「広告の専門用語では、聞いたことがありません」

「あのな、最初のＫＫは〝感と経験〟で誰でも気がつくが、本当は最後のＤが大事なんだ」

「？」と私。

「それは〝度胸〟や。これがないといい企画でも、何も実施できないのだ。何事も良い企画と分かっていても、実行する度胸があるか、ないかや。感と経験に度胸。この三つが揃わないと何事も駄目なんだ」

片目をつぶってニッと笑いながら言った。


我々が広告業界の中でサントリー広告文化という潮流の一端を走ることのできたのは、当時の辰馬通夫さんの判断力と、社内での課題に対する突破力に助けられたからだといえる。表に出ない陰の大プロデューサーの傘の下、「僕たちの広告時代」の世の中への情報発信を大いに満喫させていただいた。

辰馬通夫さんは我々広告会社のクリエーティブ力を独特の包容力で包んでくれたのだ。

もちろん我々以外の広告代理店やフリーランサーのクリエーターとも、辰馬さんは見事なヒット作を連発していた。私が広告業界で、長い間ある程度の結果を出すことができたのは、この時の辰馬さんの薫陶によるものだと、いまでも信じている。

宣伝部の辰馬通夫さんの直感的で感性豊かな判断のもと、我々の営業チームは恵まれた環境で、ビール、ウイスキー、ブランデー、時代に先駆けた新感覚の商品開発など、たくさんのヒット作を世の中に打ち出せたのだ。結果的に辰馬さんがプロデューサーとして仕切っていた八〇年代のサントリー時代は本当に時代の勢いを作っていた。

「質問力は、コミュニケーション・ドクターの原点だった」

アートディレクターの佐藤可士和さんが、ある新しい美術館の名称（NACTという4文字）のロゴデザインの競合プレに呼ばれて、オリエンテーションを直接得意先から受けた時の話だ。その美術館は一万四千平米の空間に、間仕切りがなく、展示スペースを自由に組み合わせることができ、コレクションを持たないユニークな国際的な美術館ということだ。その新しい美術館のロゴ提案がプレゼンのテーマだった。

佐藤可士和さんの受け取め方は、指定されたロゴの英文字4文字では、そのユニークな美術館の意味が十分に伝わらない。せっかくの美術館の新しい試みが伝わらないと感じたのだ。

そのいろいろな新しい試みは、グローバル的にも意味が有り、むしろ日本的なイメージを押し出した方が良いのではと考えた。答えの方向を考えたら漢字で日本的に「新」をモチーフに、その美術館の名前を正確に伝えて行くことに行き着いたのだ。

ビジョンを形に「整理」することで、「本質」が見えてくる。当時、可士和さんはコミュニケーション・ドクターを標榜していて、大切なのは質問という問診の大事さだと言っているのだ。例えばお腹が痛いときの医者の判断は、度重なる問診の結果、単なる食べすぎ、または他に重大で深刻な原因があるに分かれる。つまり、そこで大事なのは「質問力」がすべてだと言っている。様々な角度からの質問を重ねる。相手の考えを正確に把握してゆく作業の必要性のことなのだ。視点（仮説）をもって「整理」することで、「本質」が見えてくるという。「質問力」が聞く力に通じるということになり、さらに聞く力は営業にとって情報収集力の原点ともいえる。この逸話は、毎回宣伝会議の講義で触れている。

「箱根駅伝は、なぜ東京箱根駅伝と言わないの」

一九八九年（平成元年）十一月九日、ベルリンの壁が崩壊し、その翌年、得意先の航空会社はベルリン線を就航することになった。タイミングよく在京キー局が「ポツダム・ベルリンマラソン」の中継イベントの冠スポンサーを探していた。

ところが当時、ベルリンでのマラソンは多額のイベント冠スポンサー料のために得意先スポンサーがなかなか集まらなかった。得意先の航空会社はホノルルマラソンにスポンサードしている。ちょうど得意先の新しい航路がベルリンに就航するので、話題作りのために、ベルリン航路もサポートしてほしいと提案しようと考えた。ところが大会の名前が「ポツダム・ベルリンマラソン」になっている上に、日本人ランナーは数えるほどしかいない。そのまま、得意先にプロモートしたが、得意先の反応があまりよくない。最後に宣伝部長の羽根田勝夫さんへ直接プロモートに伺った。

「ベルリンマラソンだったらスポンサーになっても良いのだが……」

と返事をいただいた。しかし、テレビ局は少しも譲らないのだ。なんとかスポンサーになってほしいと宣伝部に掛け合っても反応が悪い。本番が迫ってきた。

そんな時に羽根田さんから呼び出された。

「箱根駅伝は、なぜ東京箱根駅伝と言わないの。箱根を目指す駅伝だから象徴的に『箱根駅伝』なのでしょう。同じ考えに立てばベルリンを目指すマラソンだから、『ベルリンマラソン』でいいのではないかな。テレビ局と、ちゃんと相談してよ」

確かに羽根田部長が言うように、箱根駅伝とベルリンマラソン。目指す地名をタイトルにする考え方は同じだと思った。ようようテレビ局が現地のプロモーターと最終的な相談をしたのだろう。

「箱根駅伝に見習ってベルリンマラソンはどうなの」

この羽根田部長の「ひとこと」で大会名と番組名が『ベルリンマラソン』に決まり、めでたく得意先がイベント冠スポンサーになってくれた。宣伝部長の「ひとこと」で我が営業チームは大きな扱い額を得たのだ。

マラソンの本番は得意先の宣伝課長と一緒にベルリンへ飛んだ。宿泊のホテルは旧東ベルリンの古いホテルだった。夜になると周りは真っ暗だったことを鮮明に覚えている。

本番の日曜日は朝から快晴、日本ならば日本晴れ。ベルリン晴れの中、マラソン中継は行われた。三時間にわたる放送時間は、当然のようにほとんどレースを追っている。

しかし目にするものは、何台ものテレビカメラが紅葉のベルリンの街全体の風景を映している。ゴールでは制服姿のCA（キャビン・アテンダント）がゴールテープを持って選手の到着を待っている。ゴール前にある中継車のテレビ画面はマラソン風景というよりもベルリン郊外の紅葉風景を旅番組のように映し出している。帰国して自宅の録画を見ても、マラソン番組ではなく紅葉のベルリン郊外の観光映画のようだった。

＊後日談だが『箱根駅伝』は正式には『東京箱根間往復大学駅伝競走』という。箱根駅伝という名称がイベントとしても長く親しまれる結果になっていると思いたい。

パワフルな宣伝部長の「ひとこと」は多くの意味を持ち、暗礁に乗り上げていた出来事を解決してくれたのだ。

「このビデオカセット、いま、すぐ見るならお貸しします」

ある時英国から帰国の途、見たいビデオカセットを手にして放ったCAの機内でのひとことが企画の着想になった。航空会社担当時代に実感した話だ。

ヴァージン・アトランティック航空(*)という英国のエアラインが成田空港からロンドンへの運航を開始した。ちょうど、そんな頃に、担当する航空会社の英国での企業広告の競合プレゼンのために出張することになった。普段は得意先であるエアラインの社内用チケットを利用させていただくのだが、競合プレゼンなので航空料金は当然自社負担になる。

「せっかくの機会なので、話題のヴァージンエアで往復の出張をしてきます」

「自分たちは、他社エアラインはなかなか体験出来ないので、サービスなんか観察してきてください」

宣伝部の仲間に宣言したところ、そのように言われたのだ。

今回の英国出張はプレゼンだけの往復で、短い滞在で帰国することになっていた。

帰国便では疲れ果てて食事のあとでCAから借りた映画ビデオも見ずに、ぐっすり寝込んでしまった。成田空港到着まであと二時間という機内アナウンスで、機内灯が点きはじめ目覚めたのだ。ところが目の前には昨夜頼んだビデオカセットが置いていない。どうしても見たい映画だったので、食事のあとで見られないかとＣＡに申し出た。

「タイトルは何ですか」

「ケビン・コスナーの『フィールド・オブ・ドリームス』です」と私。

一度ルームに戻ったＣＡがビデオカセットを席に持ってきて、

「いま、すぐに見るならお貸しします」

当時のビジネスクラスでは映画を自分の座席にビデオカセットを収納して見ることができたのだ。食事のあとに見たいと言った私に、

「食事しながら、今から見るならこのビデオカセットを貸します」

同じことを二度も告げたのだ。理由はこうだった。その映画は一時間四十七分の作品で、いまなら成田空港に到着までにギリギリ観終わることができるのだった。

得意先の航空会社の機内案内ならば、

「当機はあと二時間で成田空港へ到着します。全てのビデオサービスは、終了させていただきました」

と、いつも安全マニュアル通りの応対だった。

その英国人のＣＡの個別のサービス対応の「ひとこと」のおかげで、ケビン・コスナー演じる田舎の野球場を巡る話題の映画を堪能できたのだ。ヴァージングループの持ち前のエンターテインメントを大事にする精神は、画一的でない個別のキメの細かい対応をするのだと強く感じた。生活者の一人として搭乗客の私は、この現場体験での気付き（発見）が帰国後の企画作業に大いに役立ったのだ。

プロジェクトの仲間と早速、個別のエアラインサービスとは何かを討議した。当時準備中だったハワイ路線のリゾート特化便としての提案に弾みがついた。

機内ではハワイの香りの中、ハワイアン音楽が流れ、ＣＡ、パーサーは最初からアロハシャツで搭乗客をお迎えする。料理はハワイアン料理を楽しむという、機内に搭乗した瞬間からハワイの気分を満喫する徹底したサービス案になった。おまけに飛行機そのものに大きなハイビスカスの絵が描かれた。

宣伝部長のパワフルなリーダーシップで、縦型組織を超えた横断プロジェクトを駆使して、当時としては珍しいリゾート特別便「リゾッチャ」(*)という、新しいエアラインサービスを始めることができたのだ。

この場合はＣＡの「いまから、すぐ見なさい」という「ひとこと」が発想の原点になった。企画を練る時の全ての情報は、現場にあるというエピソードだった。

「いきなりだが、君に韓国へ行ってほしい」

五十四歳の夏に初めての転勤。それも地方転勤ではなく、いきなりの海外赴任。韓国のソウルで初の駐在員事務所を設立することから始まった。当時、副社長だった宮川智雄さんから、直接辞令を受けたのだ。

ソウル駐在員事務所は、私と秘書とアシスタントと運転手の四人の小さな所帯だった。それぞれが自分の役割をしっかりとこなさないといけない。外部で打ち合わせする場合は、私と運転手と通訳を兼ねたアシスタントが外出して、秘書は留守番で事務所を守る。外部での会議が終わるとアシスタントが、帰社したらすぐに会議の内容を日本語で議事録としてまとめなければならない。しかしそのままの原稿内容では、本社にはメールできないので、私が推敲して、手直しをしてから本社に報告することになる。

それまでの本社生活に比べてソウル事務所ではパソコンを前に、直に手を動かす機会が圧倒的に多くなった。瞬時にメールを書く。瞬時にワード、エクセルに記録する。本社時代には、いつも誰かアシスタントが大体のことを行ってくれたものだった。その点で事務処理のスキルは上達せざるを得なかった。

＊リゾッチャとは我々の社内プロジェクトが、コピーライターの糸井重里さんと名付けたリゾート特別便で二〇〇八年にそのサービスは終了した。また、ヴァージン・アトランティック航空は、二〇一五年二月成田発をもって日本での運行サービスを終了した。

駐在員事務所に求められる基本機能とは、韓国社会において、または韓国企業や、韓国内の日系企業に対して新しく進出した、広告会社としてのプレゼンスアップ（新規企業の存在感）などを含めた情報交換、情報発信が基本だ。韓国広告業界の本社に対する情報発信もミッションの一つだった。

ちなみに博報堂という漢字は、韓国語では博報堂《パッポダン》と読まれてしまう。これをハクホウドウと読むようにするのに随分と苦労をした。

本社の営業局のスタッフから得意先関連の韓国の市場調査依頼や、得意先商品の市場価値の可能性についての事前調査、簡単な市場見学、それに伴う予備調査等となんでもありだった。

本社からの出張者のサポート、時にはプライベートな訪問者に対するケア。市内の観光案内も必要だったのだ。すべてはコーディネート業務がメインになる。瞬時に判断をして対応する必要があった。素早い判断に対する反射神経を求められるので、若い頃から東京で学んできた営業手法が大いに役に立った。そうでないと駐在員事務所としての連絡機能は果たせないのだ。同僚が駐在する欧米諸国と異なり、幸い日韓の間では時差がないのが助かった。こちらと相手の時間については、従来の東京感覚の時間配分で判断ができる点がありがたかった。

赴任三年目からは現地法人「博報堂チェイル」に続き、二つ目の現地法人「ComOn21」（社員五十名）の設立に関わった。私は広告会社の副社長を兼務して、韓国内の広告業務や日系企業との広告活動を見なければならなくなったのだ。韓国でも広告会社として日常的な判断は、全てこなしていかなければならない。とにかく日本人は私一人なのだから。加えて言うならば、社員五十名の氏名をすべて覚えるよう努力した。「君のコピーのおかげでプレゼンは勝った。ありがとう」を、君と言わずに〇〇さんのおかげでという。本名で呼ばれた社員の気持ちはだいぶ違うだろうと考えたからだ。韓国では苗字は金《キム》、李《イ》、朴《パク》、崔《チェ》、姜《カン》、趙《チョウ》、尹《ユン》、と多い順に並べるとこうなる。

周りに金や李や朴と同じような苗字が多いので、覚えるのに大変苦労をした。今の私の記憶力では到底できない芸当だった。ちなみに「ComOn21」の五人の役員会メンバーは、日本人の私以外に、李さんと金さんが二人ずついたのだ。

ソウル駐在員事務所の毎日は、私の営業生活の集大成になった。

駐在員事務所時代に得たそのスキルは定年退職後の活動に、今でもいろいろな場面で生かされている。鎌倉市と韓国安東《アンドン》市の姉妹都市（パートナーシティ）提携の事務局運営、八ヶ岳農場のボランティア支援活動の事務局運営、Team MAMIYAの活動。各種講座や講演のパワーポイント原稿の作成、ブログ「鎌倉から、こんにちは」の写真貼り付けの毎週の更新作業と、同世代の友人に比べると、何事も苦もなくこなせているのではないかと思う。責任者としてソウル事務所に転勤したことで、その後の自分のために得たことは大きいと感じている。

「ちゃんと、企画書通り説明できました」

最近の話だが、プレゼンテーションの後で、仕事場の若い広告営業にどうだったと聞くと、「ちゃんと、企画書通り説明できました」と自信たっぷりに答えることがあった。この場合「説明」と「説得」の違いを理解していない場合が多いのだ。企画書を上滑りに説明するのでは、交渉相手にその大事な意味がちゃんと伝わらない。つまり受け手のベネフィット（利便性）に、ちゃんと刺さるかをどのように強調して伝えるか。プレゼン前にどう説得するかを懸命に考え抜くことが大切になる。プレゼン相手に「ですね」と大事な結論をアイコンタクトで送るのは、説得の技術の大事なひとつになるのだ。大きな意味で「交渉力の発揮」に繋がるポイントといえる。

時には一対一で話をする場合でも、目を見る、うなずく、微笑む、相槌を打つという基本動作の加減で、交渉事が上手く展開したりする。そんな時でも、アイコンタクトは究極のフェイス・トゥ・フェイスの原点と気がつくのだ。

アイコンタクトの使い方で、すべてが決まることがある。

いろいろな場面で効果を持つフェイス・トゥ・フェイスの熱いやりとりの中に、言葉の強さだけではなく、顔の表情も大きな要素になる。目の表情も大きな役割を持つことがある。目は口ほどに物を言うという言葉があるほどだ。

講演や講座の会場で多くの人の前で話をするときに、気をつけていることがある。ある話をした時に、目の前で何回も頷いてくれる人がいる。つまりその話の内容に納得して良い反応をしてくれたことになるのだ。その人とは、それから話すポイントごとに、必ず目を合わせるように心がける。つまりこれがアイコンタクトなのだ。このことで頷いてくれるなら、わかってくれてありがとうというサインになったりする。そして、このテーマをより深く話してみようとなると、スクリーンに映されている目の前のパワーポイントの画面は同じであっても、力説する話の方向が少し変わったりする。話した内容に対しての頷きは、同じパワーポイントの内容でも、話の力点が変わったりもすることが多いのだ。大きな会場ではこのアイコンタクトが良い意味での起爆剤になったりするのだ。

特にプレゼンテーションで忘れてはならないことは、その企画説明の中で結論付ける「ひとこと」を発言するときに、キーパーソンである宣伝部長などに「ですね」という気持ちでアイコンタクトを投げ掛ける。思わず「うん」とうなずいてくれれば、もう勝ったのも同然だ。後ろで座っている部員たちはうなずく宣伝部長を見て、この案で決まりだなと気をまわしてくれる場合がある。今でいう流行りの「忖度」を引きだすきっかけづくりにもなるはずだ。

「よく会った、よく喋ったは、デジタルな世界でも可能です」

浴びるようなSNS手法のコミュニケーション時代が到来し、人と人とのコミュニケーションの方法が便利さと効率性と共に大きく変わってきたといえる。

ここまで面と向かって会話するフェイス・トゥ・フェイスから生まれる〝情報の副産物〟の大事な意味をエピソードとして紹介してきた。

九〇年代半ばには、インターネットの出現で大きく社会のコミュニケーションが変わってきた。一九九五年に「ウィンドウズ95」が発売され、現在四十代半ばのビジネス界で活躍されている読者の方々が、社会に出た頃から本格的なインターネット時代が始まった。仕事そのものが次第にデジタル化中心のコミュニケーションに変わり、今では浴びるようなSNS手法のコミュニケーション時代が到来した。

つまり、普通にパソコンが目の前にある生活がやってきたのだ。それをきっかけに、人と人とのコミュニケーションの方法が便利さと効率性と共に大きく変わってきた。

更にパソコンがスマホに変わり、SNSが磨かれて、コミュニケーションは、簡素化され大きく変わっていくことだろう。

「よく会った、よく喋った。また会った、そして、またよく喋った」は、デジタルの世界でも可能だと言う若者がいる。

確かにデジタル機能を通じて顔を見ながら、お互いに話もできる。百歩譲ってネット通話の世界は良いとしても、本書で論じる「フェイス・トゥ・フェイス」の意味は大きく異なるのだ。

例えばスカイプなどのデジタルコミュニケーションでは、何気ない不注意な一言で、相手の顔から血の気が引いたりするのを感じることができるだろうか。議論の相手が一生懸命、こちら側に説得する熱弁の汗など見えてこない。

デジタルはデジタルでしかないのだ。思い切り言い換えれば、スカイプでは、話がまとまっても握手もできないし、相手を怒らせても、決して殴られない。私の言う「フェイス・トゥ・フェイス」は殴られる距離での真剣勝負だったのだ。だいたい、よほどの事情がない限り、スカイプで愛しい恋人にプロポーズをするだろうか。そんなことは未だ聞いたことがない。

フェイス・トゥ・フェイスのコミュニケーションは、基本的にはひとり対ひとりで行う。このひとり対ひとりのコミュニケーションは、現在のメール全送信や、LINE、フェイスブックのメッセンジャーなどに比較すると、とても非効率な方法だが、その分だけコミュニケーションは深くて熱い意思の交換があったりする。

自分で考えた情報に、相手の別な反応（想定外の情報）が返ってくると話の内容が一気に膨らんでくる。この情報の副産物は、デジタル機能優先の日常では得られないコミュニケーションになる。意識してフェイス・トゥ・フェイスの会話を大事にすれば、更にコミュニケーションの質が深まると信じる。

私は、現在の便利すぎるSNSを含めたコミュニケーション活動を、全く否定するものではない。確かにプライベート生活では、そのSNSによって仲間との情報のやり取りの恩恵にも浴しているのは事実だ。しかし、少しは不便さを伴うが、面と面とを合わせたコミュニケーションの中から、予期できないプラスαの情報が生まれてくることも多くあった。

本書で語り続けてきた事例を思い起こしてほしい。双方の情報交換で得る情報の副産物の重要さに気付いてほしい。それが、昭和、平成を越えて、令和という新しい年号を迎えた今でも、伝えていきたい大事なコミュニケーションの原点と信じている。

おわりに

「君は車を担当していたのでラッキーだ。弊社にはいくつも車の得意先があります」

博報堂の中途入社試験の面接で言われた言葉に対して、

「わたしは、車は十分に勉強したので、ほかの仕事をしたいです」

と生意気に答えてしまった。

「では、どんな仕事がしたいのですか」の言葉に、洋酒飲料とか、化粧品といわずに、

「ブランドに近い営業がしたいです」

と思わず答えてしまったのだ。この「ひとこと」で、入社後には中堅菓子メーカーの担当になったのだ。今でこそ珍しくもない〝フルサービス〟の仕事から、博報堂の営業生活が始まった。ある意味で運命の交差点になった「ひとこと」だったかもしれない。


一九七三年（昭和四八年）一月末に旭通信社を、わずか四年で円満退社して、二月一日に外資系広告代理店に入社して、十一月末に同社を円満退社して、十二月一日に博報堂に入社するというビジネスマン人生としては考えられない本当に危険で綱渡り的な一年間になった。

一九六九年（昭和四四年）、電通は百五十人体制で新入社員を採用していたが、当時の博

報堂は少人数の採用だった。その数年後、世はまさに急激な経済成長で戦力不足の中、社内では〝即日現場配属〟という営業経験のある若い中途社員の採用が求められていたのだ。幸運にもその流れの中で私は入社試験を受けることができた。

但し、基本的には広告会社の色のついていない異業種からの人材募集が中心で、同業種からの採用は難しいといわれていた。しかし、幸運にも私は広告会社から広告会社への転職が叶い、十数名の仲間と共に採用が正式に決まったのだ。入社決定の連絡が来たのは一九七三年（昭和四八年）九月末日。まさに第一次オイルショックの寸前のタイミングだった。少し入社決定が遅れていたら、その後の私の運命はどんなに変わっていたか、考えてみてもぞっとする。

本書を通じて「運」と「出会い」は人を通じてやってくると言ってきた。人と人の会話、つまりセリフのやりとりが人と人との関係を作っていく、一番大事な基本なのだ。そして人としての志、夢と希望と元気な気持ちは、いつまでたっても、その原点は変わらないと考えている。

かねがね人脈が大事だと「提案営業力養成講座」の講義では話しているが、ほんとうは、私は人脈という言葉は、あまり好きではないのだ。むしろ人的ネットワークとか人間関係と言い換えた方が気持ちにぴったりする。つまり人的ネットワークとは、人それぞれが育てる

「ご縁」だと思っている。

ご縁はまたご縁を呼んでくる。本当に人と人とのつながりは、すべてご縁だと思っている。これまで語ってきたそれぞれのエピソードは、すべてご縁から生まれたと思っている。このことは、ゼロから築く人間関係の形成という観点からも、デジタルコミュニケーションを越えた、とても大事なことだと自らに言い聞かせている。

若い頃の坂の登り方は見よう見まねで、誰でもが、少しでも上を目指して坂を登っていくことが出来た。しかし、この年代になり一度登った坂の下り方は、だれも教えてくれない。人それぞれの下り方を見つけないといけないのだ。坂を下りながら、〝おらがペンギン〟といわれた男が、広告人生活で経験した毎日を思い出し、駆け上がっていた頃の数々のエピソードを蘇らせながら、坂を下ってくるのも捨てたものではない。

なにしろだいぶ昔の体験談なので、正確さに欠ける部分や解釈が、自分本位になっている部分もあるかもしれない。可能な限り掲載された関係者に原稿内容を直接確認し、またはご家族に直接確認しながらエピソードをまとめてみた。原稿内容の了解をとる中で、昔のご縁が復活したりしたおまけもあった。営業（プロデューサー）として社内外の方々と成立させた仕事を多くまとめてみたが、趣旨をご理解の上ご容赦いただきたい。

毎年六月二十二日の眞木準さんの命日近くなると元サントリーの床波範人さん、アートディレクターの戸田正寿さん、元ＣＭランドで現在はＴＹＯの専務の福田和充さんとの四人で、表参道のなじみの店で眞木さんの『一語一絵』と盃をテーブルに置いて、ささやかな偲ぶ会を続けている。既に回を重ねて十回になった。

眞木準さんの書を囲んでのこの会は、『僕たちの広告時代』で築いたご縁を大事に、いつまでも続けていきたいと思っている。

最後に、この本の書籍化のきっかけをつくっていただいた宣伝会議の東英弥さん、丁寧に出版準備を進めてくれた編集担当の浦野有代さん、実名で本書に登場された方々、そのご家族やご関係者の方々に、この場をお借りしてお礼申し上げたい。また、表紙を飾ったペンギンキャラクターの友情出演を推進してくれた戸田正寿さん、この表紙のために新しいペンギンを描き起こしてくれた、ひこねのりおさん、二人の友人に感謝の気持ちを伝えたい。

間宮武美（まみや・たけみ）

東京都出身。1969年慶応義塾大学商学部卒業。旭通信社、第一コンプトン、博報堂で広告営業として、三菱自動車、タイメックス、不二家、資生堂、サントリー、東芝、NTT、JAL、コカ・コーラ等を担当。広告制作を通じて数々の著名人や仕事仲間と関わった。1999年国際総局から博報堂ソウル事務所初代所長として赴任し、2003年現地法人「ComOn21」を設立し副社長を兼任した。2004年博報堂を定年退職。2005年鎌倉から韓国ソウルまで80日間の徒歩の旅。著書に『鎌倉－ソウル2328キロを歩く』（講談社＋α新書）。2006年より宣伝会議「広告営業職養成講座（現：提案営業力養成講座）」講師。2010年よりJ2コンプレックス（広告制作会社）で副社長を経て特別顧問を歴任。Team MAMIYA主宰。

僕たちの広告時代

発行日　2020年3月10日　初版

著者　間宮武美
発行者　東　彦弥
発行所　株式会社宣伝会議
〒107-8550　東京都港区南青山3-11-13
Tel.03-3475-3010（代表）
https://www.sendenkaigi.com/

ペンギンキャラクター　パピプペンギン（戸田正寿＋ひこねのりお）
本文デザイン・DTP　ISSHIKI
印刷・製本　図書印刷株式会社

ISBN 978-4-88335-489-4